シリーズ ケアをひらく

驚きの介護民俗学

六車由実

医学書院

はじめに

　九月のある日、老人ホームのリビングで利用者とともに夕食のワゴン車が来るのを待っていた。そのまったりとした時間に、認知症を患っている鈴木のり子さん（仮名、以下同）が、テーブルの上に飾ってあった作り物の柿を枝からもいで、「おいしそうだねえ」と言って食べようとしていた。口に入れる寸前に気づいた私はとっさに、「ごめんなさい。これ食べられないんです」と言って、のり子さんの右手から柿を取り上げた。するとのり子さんは、「そう、まだ渋が抜けてなかったんだね」と残念そうにうなずいた。あんまりがっかりしているので、事故を防ぐためとはいえ急に取り上げたのは申し訳なかったなと思い、のり子さんにあらためて謝ろうと思っていたら、今度は彼女は大きな声で歌い始めた。

「柿、柿な〜れ、千百俵、成らぬとぶっ伐るぞ、低いとこ成ると子どもがとるぞ、高いとこ成るとカラスが食べるぞ、ちょうどいいとこかたまれ、かたまれ」

急に歌い始めたので最初は何なのかよく聞き取れなかったが、とまどう私の様子をすぐ傍で見ていた杉本雅夫さんが、「ああ、おばあさんは、ほら、正月十五日の、あれを歌っているんですよ」と教えてくれた。私は「柿」と「正月十五日のあれ」でピンときた。そう、のり子さんは成り木責めのときの歌を歌っているのだと。

成り木責めとは、小正月行事のひとつで、柿や栗など実の成る木を鉈《なた》などで叩きながら文句を唱えることで、その年の豊かな実りを祈ろうとする民俗儀礼である。各地で歌の文句や儀礼の細部に違いがあるため民俗学でも取り上げられることが多い。私は、歌の文句を書きとめようとすぐにメモ帳を取り出し、のり子さんにもう一度歌ってくれと頼んだ。のり子さんは私のペンの進み具合を見ながら何度も何度も繰り返し歌ってくれ、そして庭の柿の木を鉈で叩きながら歌ったことや、叩いた後に木に粥をこすりつけたことなど、子どものころの体験も話してくれた。雅夫さんもうんうんとうなずいている。

私はメモをとりながら幸せな気持ちでいっぱいになった。すると今度は、まわりで聞いていた他の利用者たちが、自分たちのところではこういう文句だったと歌ってくれたり、鉈じゃなくて、漆《うるし》に似たカツノキという木でつくった刀を使ったとか、成り木責めをめぐって利用者それぞれの記憶を披露してくれた。作り物の柿を認知症の利用者が食べそうになるという〝ヒヤリハット〟の場面であったが、その柿をきっかけに、利用者たちの子どものころの正月の記憶に思わず触れる楽しい時間へと展開していったのだった。

大学を辞めて、縁あって老人ホームで介護職員として働き始めてから三年が経とうとしている。介護の現場は想像以上に大変で、毎日のルーティンワークをこなすので精一杯だが、そうした忙しさのなかでも、利用者たちの子どものころや青年期についての記憶に思わず触れる瞬間は、私に驚きと興奮と、そしてひとときの幸せを与えてくれている。老人ホームには、今ではムラの調査では直接出会うことのできない世代である大正一桁生まれはもちろんのこと、明治生まれの利用者もいる。また地元だけではなく、利用者の出身地は全国各地に及ぶ。そして彼らの記憶の何と鮮明なことか。長いあいだ、さまざまな地域をまわってムラでお年寄りたちに聞き書きをし、地域の民俗事象について研究してきた私には、老人ホームで働き、そうした利用者に囲まれている毎日が、まるでフィールドワークをしているかのように刺激的であり、幸せの日々なのである。

民俗研究者であり介護職員でもあるという立場から、私は日々の介護の現場で出会うこのようなさまざまな利用者との関わりやそのエピソードを文章にまとめ、《驚きの「介護民俗学」》というタイトルで、医学書院の『看護学雑誌』、およびその後、看護師のためのウェブマガジン『かんかん！』に連載させてもらった。

「介護民俗学」などという分野があったわけではないし、ましてやそんな言葉だってなかった。私自身の反省でもあるが、民俗学にとって、介護の現場は関心の外だったのである。けれど実際に現場に入ってみると、先ほど述べたように介護現場は民俗学にとってとても魅力的な場所だし、また、民俗学でこれまで蓄積されてきた知識や技術が介護現場に役立つ可能性もあるのではないか、と私には思えた。そこで、「介護現場は民俗学にとってどのような意味をもつのか?」、そして「民俗学は介護の現場で何ができるのか?」という二つの方向性から問題提起をしてみようと思い、あえて「介護民俗学」を掲げてみたのである。

本書は、十五回にわたる連載を中心に、書き下ろしと合わせて再構成してまとめたものである。一年三か月にわたる連載期間中に、私の所属もデイサービスから、特別養護老人ホーム(入所)、ショートステイへと変わっていったため、本文中にはそれぞれでの経験が混在している。その点はご容赦願いたい。また、本文中に登場する利用者の名前はすべて仮名であることもここに記しておく。

民俗学を専門としている読者には介護現場の魅力を、そして、介護現場で働いたり在宅介護をしたりと何らかのかたちで高齢者介護に関わる読者には民俗学的思考の面白さを、そして、それぞれがさまざまな人生を生きてきているすべての読者に、老人ホームの利用者たちの語る世界の豊かさを感じていただけたら幸いである。

驚きの介護民俗学　目次

第一章

老人ホームは民俗学の宝庫

「テーマなき聞き書き」の喜び

生き地獄

デイサービスの介護職に就いてから二か月がたったころだった。食事介助をしているときに、利用者の山本一夫さんが、「こんな年寄りになって、ただ生きているのは地獄同然だ」とつぶやいた。何の役にも立たず、他人の世話になっているばかりじゃ生きている意味がない、だから地獄だ、と。

大正五年生まれの一夫さんは、足腰が弱く押し車を使って移動されているが、食事、排泄、入浴は自立しているし、普段はにこにことしていてレクリエーションなどにも積極的に参加してくれ、声を掛けるといつも昔の暮らしのことを語ってくれる。だから彼の口から「生き地獄」などという言葉が出てくるとは私は想像もしていなかった。

その唐突に吐き出された言葉になかば動揺しながらも、私は、「そんなことないですよ、一夫さんはいつも私たちにいろいろなことを教えてくれるじゃないですか、私たちは一夫さんの生きてきたころのことをお聞きしていつも勉強させていただいているんですよ」と、彼が今ここに生きていることがどんなに意義深いことかを必死で伝えようとした。

だが、そんな一般論的な言葉は一夫さんの心にはまったく届かない。彼は怒りとも悲しみともつかない表情を浮かべながら、さらにこう続けた。

俺たちは自分のためだけに生きてきたわけじゃない。税金もしっかり払ってきた。それは、自分の生活だけがよくなればいいからではなく、みんなでこの国をつくっていこうと思っていたからだ。国をつくるのは政治家じゃなくて、国民なんだ。なのに今の人たちは、自分の幸せしか考えていない。税金が増えれば文句を言う。自分の資産が減るから。でも、こんな俺たちのような考え方も生き方も今はもう古いんだ。俺たちが何を言ったって、小さなミミズがにょろにょろ体をくねらせて這いまわっているだけにすぎない。だから、何も言わない。生きている意味がない。

そう言い終わった一夫さんの顔には諦めの影が落ちていた。それを聞いていた同じテーブルの男性利用者たちも黙ったままだった。せめてデイにいるときぐらい楽しい気分で過ごしてもらいたい、そのために私たちにできることは何か、とずっと考えて仕事をしてきたつもりだったが、一夫さんが抱える絶望感をほんの少しもわかっていなかったと痛感させられた出来事だった。

その少し前にも、送迎車が葬祭場の前を通り過ぎたときに、窓の外を見つめていた木村紀子さんが、「私はいつここに来れるのやら、早く来たいよ」とつぶやいたことがあった。そのとき車内は一瞬沈黙してしまい、私はその場の雰囲気を変えるために、「紀子さんそんなこと言わないで、まだここのお世話にはならないですよ、その代わりにデイで楽しんでください」と言葉をかけた。しかし、それも単なるごまかしにすぎなかったと思える。

デイサービスの利用者はみなさん歩行が困難になってきたり、認知症になりつつあったり、片まひになったり、あるいは内臓疾患があったりと、自分自身の体と頭が以前のように自由にはならないことに不安と憤りを感じ、そしていつか確実に訪れる死に対する恐怖心を抱えて生きている。そして、年をとったから、うまく動けないから、ということで、家族からも社会からも疎外されて、自分が生きていく意味を失っている方も多い。そんな利用者たちの深い絶望感を私たちはどう受け止めたらよいのだろうか。

●民俗学と回想法

私は、この仕事に就く前に、八年間ほど大学で民俗学を教えていた。演習で学生たちを連れムラに通い、そこに生きてきたお年寄りたちに昔の暮らしについての聞き書きをしてきた。大勢で何度も訪れる若者たちに最初はお年寄りたちもどう対応していいのか戸惑っていたが、回を重ねるうちに、知識も経験もない学生たちが自分たちの語りの一つひとつに関心を示すことに楽しみや喜びを感じてくれるようになり、次の来訪を待ち遠しく思ってくれるようになっていった。

縁あって現在の職に就いたのだが、そこで高齢者へのケアの方法として回想法があることを初めて知り、勉強をし始めた。すると回想法とこれまで私が行ってきた民俗学での聞き書きとに多くの共通点があることに気がついた(間もなく回想法への疑問を抱くようになっていくが、それについては後述する)。

ムラと施設とで場所は違えども、お年寄りにその方の生きてきた人生について話をお聞きする、そこにお年寄りが楽しみや喜びを感じてくれる、という点では何のかわりもない。しかも、ある程度利用者たちの生きてきた時代や地域の暮らしについての知識も、民俗学を通じて私は得ている。そうであれば、私のこれまでの経験が介護の現場にも活かせるはずだ、そんな確信を得たのとちょうど同じ時期に山本一夫さんから「生き地獄」という言葉を聞いたのであった。お話を聞くことによって、一夫さんをはじめデイの利用者たちが、現在を穏やかに生きていく意欲を持ってくれるように少しでもお手伝いができないだろうかと思うようになった。

それからしばらくたって、施設の理解を得てデイサービスでの公的な仕事のひとつとして、聞き書きを任されることになった。さっそく一夫さんに話をお聞きすることにした。

長いあいだ農業をされてきたという情報を得ていた私は、一夫さんに農業の話を聞くつもりで、昔の農村を撮った写真集を準備していった。ところが、「一夫さんの家では代々農業をされていたんですか」という質問に対して、一夫さんは「いや、親父は豆腐屋をやっていたんだよ」と言い、父親の豆腐づくりの様子を語り始める。

テーマと材料を準備してきたが、これまでのムラでの聞き書きでも同じようにこちらが聞きたい話を聞き出すまでに遠回りをすることはよくあったので、特に慌てることもなく、豆腐づくりの話を聞いていた。自分ではつくったことがないのにもかかわらず、手伝いをしながら父親の豆腐づくりの様子を目にしてきた一夫さんは、実に詳しく豆腐のつくり方を説明してくれた。聞いていると口の中に豆腐の味が広がるような気さえした。

そのうちに、今度は召集令状が来て、中国へと鉄道隊として配属された話へと話題は変わっていった。鉄道隊という軍隊の組織を知らなかった私は、一夫さんの言葉の一つひとつに質問をしながら話に聞き入ってしまった。あっという間に一時間がたった。湿性肋膜炎に罹って除隊し、家に帰ってからは傷痍軍人の恩給をもらって暮らすようになったというところで、予定していた時間を過ぎてしまったので、結局この日は農業の話を聞くことはできなかった。しかし、知らないことばかりを聞いたことで私の心は満足感でいっぱいだった。

●初めて聞く「馬喰」の話

十日後、一夫さんの二回目の聞き書きを行った。前回のことを覚えていた一夫さんは、お誘いすると待ってましたと言わんばかりに、ご自身から戦地から帰ってからの話をし始めた。私も前回のようにテーマを決めたり材料を準備したりしていなかったので、一夫さんの語りにそのまま身をゆだねてみることにした。

軍隊から帰ってきて一夫さんは、豆腐屋を継がずに農業を始めたという。そして、(私にとっては)唐突に、「朝鮮牛というのを飼っていて……」と話し始めた。

「朝鮮牛?」

聞いたことのない私は首をひねった。それを見た一夫さんは、昔はこのあたりでは朝鮮牛という赤毛の牛を農耕や運搬などのための役畜《えきちく》として飼っていたのだと説明してくれ、さらにこんなことを教えてくれた。

朝鮮牛は大きくなると肉牛として高く売れるので、馬喰《ばくろう》が子牛と交換する際に農家に余分に金を出して引き取っていったという。だが、牛は仕事が遅い。そのために、広い田畑を持っている豪農は馬を飼っていた。けれども馬は大きくなっても肉畜にならない。だから、馬喰には農家の側が金を出して老馬を引き取ってもらわなければならなかったのだそうだ。

馬喰については今ではほとんど知られていないが、農耕や運搬が機械化されていなかった時代には牛馬が役畜として使われており、村々をまわってそうした牛馬の鑑定をしたり仲買をしたり、ときには牛馬の病気を治したりする仕事をしていたのが馬喰なのである。特に仲買の場合には、ある村から買い取った子牛や子馬を別の村に持っていき、売ったり、成長した牛馬と交換したりするのだが、そのときに農家と馬喰とのあいだに駆け引きがあり、それによって牛馬の値段や交換条件が決まるのである。

一夫さんが語ってくれたのも農家と馬喰との駆け引きの話で、農家が朝鮮牛を肉牛として立派に育てられれば、馬喰は牛を高く買い取ってくれた（もちろん馬喰はその朝鮮牛を業者に売ってそれ以上に儲けていた）。一方で馬の場合には馬喰には儲けはないので、老馬を引き取る際に農家から引き取り料をとっていた。それでも豪農は効率的に大規模な農地の耕作をするために牛ではなく馬を飼っていたというわけである。つまりこの地域では、裕福な農家では馬を、貧しい農家では牛を飼っていたということになる。

恥をさらすようだが、民俗学を専門にしていながらこれまでまったく知らなかったことだった。馬と牛のどちらを飼っているかは、地域的な違いとばかり思い込んできたから、今までムラでの聞き書きでもあらためて尋ねてみることがなかったのである。また馬喰のこともこれまで何度か聞き書きをしたことがあるが、農家との具体的な取引や駆け引きのことは今回初めて聞くことができた。一夫さんによれば、性格の荒い牛馬や病気のある牛馬を売る悪質な馬喰もなかにはいたが、基本的には農家との信頼関係によって商売が成り立っている。馬喰は信頼関係を築くために、牛馬の仲買だけではなく、外から新しい情報を持ってきてくれたり、村同士の縁談をまとめたりする役割も担っていたという。

●至福の時間

論文や報告書を執筆することを目的とした以前の民俗学の調査では、テーマに沿った聞き書きをするのが（たとえ遠回りをしたとしても）当然だと思ってきたが、介護の現場ではむしろこちらはあらかじめテーマを持たないことによって、想像を超えた興味深い話を利用者から引き出すことができる。介護現場での「テーマなき聞き書き」は、民俗研究者としても、介護者としても、そして何よりも一人の人間としても、さまざまな経験を踏んで生きてきた利用者の人生そのものに触れることができる至福の時間なのである。

では、利用者にとってはどうだろうか。毎回何度も「えーそうなんですか、知らなかった」と恥じらいもなく素直に驚いている私の様子を見ながら、一夫さんは満足そうに笑みを浮かべている。目を輝かせ、顔を少し赤くして高揚した一夫さんの顔は、あの数か月前の「生き地獄」発言のときとはまるで別人なのである。お話を私に語ってくれているときのそのような心持ちがどこまで継続し、一夫さんのこれからの生き方にどのような影響を与えるのかはわからない。しかし今では一夫さんは、自分の一代記を書いてほしいと言ってくれる。老いや病による絶望感、喪失感を抱えている利用者が、昔語りをしているそのときには喜びを感じてくれているのは少なくとも確かであるようだ。

一夫さんの「生き地獄」という言葉から始まった介護現場での聞き書きを、従来行われてきた回想法とは区別して、あえて「介護民俗学」と名付けておきたい。「介護民俗学」とは、民俗研究者が介護の現場に身を置いたときに見えてくるものは何か、そして民俗学は介護の現場で何ができるのかを考えていくために私が掲げた名称である。

本書では、毎日の仕事のなかでの驚きと発見を手がかりに「介護民俗学」の可能性を探っていきたい。

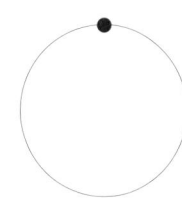

老人ホームで出会った「忘れられた日本人」

忘れられた日本人

山本一夫さんからお聞きした馬喰《ばくろう》の話については、連載中に何人かの読者から、「宮本常一の『忘れられた日本人』のことを思い出しました」という感想をいただいた。

いうまでもなく宮本常一は、戦前から戦後にかけて日本列島をくまなく歩き、その地域に生きる人々の暮らしに正面から目を向けた民俗学者で、『忘れられた日本人』（一九六〇年刊）は民俗学の枠組みを超えて優れた文学作品としても多くの人々に読まれた代表的な著書である。そのなかに、高知で馬喰をしていた老人に聞き書きをした「土佐源氏」という文章があり、みなさん馬喰という言葉でこの文章を思い出したというわけである。

そのような感想が私には少し意外に思えた。たしかに「土佐源氏」は魅力的な文章ではあるが、馬喰という言葉が即「土佐源氏」を想起させてしまうのは、宮本常一以降、馬喰についての調査研究があまりされてこなかったからではないか、と思えたのである。

そこで私はあらためてGeNii（ジーニイ）で「馬喰」と「博労」をキーワードに検索してみた。GeNiiは、論文、著書、科研の課題・成果など、国内のあらゆる学術研究について検索できる国立情報学研究所運営のインターネットサイトである。ところが、「馬喰」「博労」をタイトルにかかげた論文や著書のヒット件数は予想以上に少なく、民俗学関係の研究については筑波大学の大学院生による数年前の論文のほかはほとんどないことがわかった。

民俗研究者であれば、馬喰については、ある一定の知識は持っているし、農村や山村の調査で何度かめぐり合っているはずだが（現に私も山形や宮城の農村調査で馬喰について話を聞いたことがある）、それをメインテーマに掲げた調査研究はほとんどなされてこなかったということになる。まさに彼らはいまだに、宮本のいう「忘れられた日本人」なのであった。

老人ホームで介護の仕事をしながら利用者たちに聞き書きをしていると、それまでのムラでの聞き書きでは出会わなかったテーマや、これまで民俗学の研究ではほとんど取り上げられてこなかった生き方をした人々に幾度となく出会う。ここでは私が老人ホームで出会った「忘れられた日本人」の生き方についていくつか紹介したいと思う。

高度経済成長期の漂泊民

定住地をもたず各地を渡り歩いて生きる人々、すなわち「漂泊民」は、民俗学ではひとつのメインテーマとして調査研究されてきた。だが多くは、芸能民や宗教者、猟師や木地師《きじし》など、近世もしくは中世にその起源を遡ることのできる存在として、もしくは差別の対象とされる人々として研究されてきたと言える。

私は、デイサービスでまさに高度経済成長期の漂泊民と言える一人の男性利用者に出会った。山口昇さん、昭和十年生まれ。要介護度五の昇さんは、デイに来られても他の利用者とはほとんど話をすることなく孤独に過ごされているが、あるとき重い口を開けてぽつりぽつりと語り始めた。

昇さんは宮崎県生まれで、昭和四十年代に静岡に来るまでは故郷宮崎で働いていた。終戦後、九州電力の子会社に就職した。会社には測量をする部署、電柱を立てる部署などいくつかの部署があったが、昇さんは、発電所から各村々まで電線を引く部署で技術者として働いていたという。この部署には社員が二十〜三十人いて、二〜三人でグループを組んで村々を歩いた。技術者や工夫のそれぞれの家族も一緒だった。だから、十人前後の大所帯で移動していたということになる。発電所となるダムに近い村から遠い村へと移動して、順々に電線を引いていく。ひとつの村ではだいたい一週間から十日間ぐらい滞在して仕事をする。なので、グループの家族は村が用意してくれる家屋で共同生活をするのである。食事は奥さんたちが協力して賄った。子どもたちは滞在中の村の学校へと通い、また移動すると次の村の学校へと通った。

終戦後、宮崎県の山間部の村々にはまだほとんど電気が通っていなかった。だから、村に電線を引いて電気を通してくれる昇さんたちはどの村でも歓迎された。野菜や米などの食糧も快く分けてくれたし、猟師から猪肉をもらうこともあったという。

昇さんは、二十年間この仕事をし続けた。村々を家族とともに常に渡り歩き続けていたため、定住の地である家を持つことは一度もなかった。日本がどんどんと成長していく時期だったので、仕事は絶えることなく、給料も今から思えば驚くほど高かったという。だからお金に困ることは一切なかった。大好きな焼酎の黒霧島も飲みたいだけ飲むことができた。人生でいちばん景気のよかった時期だったと昇さんは振り返る。ただ、常に渡り歩いていたために子どもたちを幾度となく転校させなければならなかったことだけは申し訳なく思っている、と昇さんはつぶやいた。昇さんはいま小さな長屋の一部屋に一人で暮らしている。

昇さんの語りから、日本の高度経済成長を末端で担っていた男とその家族の人生が浮かび上がってくる。定住地を持たず、村々を渡り歩いて仕事をし家族を養っていた技術者。民俗学では扱われてこなかった現代の漂泊民のひとつの生き方である。

流しのバイオリン弾き

漂泊民とは異なるが、渡り歩くという意味で関連しそうな仕事として「流しのバイオリン弾き」の話も聞いたことがある。

木村八十吉さん、大正十年生まれ。ほんの数か月だけデイサービスとショートステイを利用した方だったが、そのユニークな語り口と飄々《ひょうひょう》とした生き方に私はすっかり魅了されてしまった。八十吉さんは、戦前に裾野駅前の飲み屋街で流しをしていたという。沼津の大きな楽器店で十五円でバイオリンを購入し、遊び友達三人でバイオリンの流しをした。バイオリンは別に習ったわけではなく、自分で遊びながら覚えたのだそうだ。バイオリンなんて今は子どものころからの英才教育で習うような楽器ですよ、と私が驚くと、八十吉さんは、バイオリンの絃に松の木の皮の脂をつけるといい音が鳴ったんだと、ジェスチャーを交えて得意げに語った。

当時、飲み屋一軒でだいたい一円五十銭のお捻《ひね》りをもらえたという。それを三人で均等に分けた。楽団として出征兵士を沼津駅まで送りに行ったこともあるそうだ。

流しのときには、黒の二重マントを羽織りバイオリンを弾いていた。恰好いいだろうと八十吉さんはまたもや自慢げである。実際、流しをしていると、バーのママやお客さんにもてたのだという。外を歩いていると、「パーマのお姉ちゃんたち」から「流しのおにいちゃん、コーヒーでも飲んでいかない」と艶っぽく声を掛けられることがたびたびあった。「あのころは本当にもてたな、あのころが華だったな」とニヤニヤしながら八十吉さんは何度も繰り返した。

流しをすることについては、両親に咎められることは特になかった。「流しでお金が入ると家計を支えるために家に入れていたから、何も言われないさ」と八十吉さんは当然だという顔をした。ただし儲けたお金のしっぽ（端数）は切ってへそくりにしていた、と付け加えた。

八十吉さんの実家は、農家だった。決して裕福な家ではなく、家族総出で働いていたそうだ。八十吉さんは、農業の副収入として「駄賃付け」をしていた。駄賃付けというのは、「馬力」（馬方が馬に乗って操る荷馬車）を曳いて荷物を運ぶ仕事のことである。よく駄賃付けで炭を運んでいた。当時は、炭俵一俵で五十銭、一回に六十俵運んでいたから、一回で三十円になった。黄瀬川の製材所まで丸太も運んでいた。丸太運びは一日十五円になった。

まわりの家もみな百姓仕事の合間に駄賃付けをやっていたので、仕事をするのに競争だった、と八十吉さんは振り返る。バイオリンの流しも、駄賃付けと同様に農家の副収入を得るひとつの手段だったのである。朝から夕方まで百姓仕事や駄賃付けをし、夜間は流しをして飲み屋をまわる。私は八十吉さんの話から、農家の副業の在り方はさまざまだったのだとあらためて知った。

飄々とした語り口はそんな苦労をみじんも感じさせないが、そうやって家族を支えていた若者のマント姿が目に見えるようで、八十吉さんがとても愛おしく思えた。

蚕の鑑別嬢たち

蚕《かいこ》というと、民俗学では養蚕をしていた農家や製糸工場で働く女工が主に注目されてきた。だが、日本の製糸業の重要な担い手として、村々を歩いて蚕の鑑別をする若い女性たちがいたことはあまり知られていない。

大正十年生まれの杉本タミさんは、片倉工業の沼津蚕種製造所に就職し、村々をまわって蚕の鑑別をする仕事を、戦中戦後合わせて十八年間してきた。タミさんによれば、蚕の鑑別とは、雄と雌、日本種と中国種とを分ける仕事で、会社から各地域に派遣され、一週間ほど滞在しながら各家をまわって鑑別を行っていた。片倉工業ではこの仕事をしていたのはみな若い女性ばかりだったので、当時村の人たちからは「鑑別嬢」と呼ばれていたそうだ。

蚕の鑑別は、蚕種を出荷してから一週間ぐらいのうちにしないとできない。だから村には総勢三十人くらいで入り、二人一組になって効率的に仕事をしなければならなかった。家の外にテントを張り、その下で蚕を素手でつまんで尻を見て鑑別した。

雄と雌との違いは、蚕の尻にある黒い斑点の数でわかった。斑点が一つの場合は雄、四つの場合は雌だった。ときには斑点が二つもしくは三つしかない雌もいた。そうした雌は質がよくないので、別に除けておいたそうだ。また日本種と中国種とは、蚕の色の違いで区別できた。日本種は白く、中国種は全体的に黒っぽかった。やはりこの場合も、どちらともつかないグレーゾーンの蚕が見つかることがある。それらも別に分けておいた。会社に入社したときに研修を受けて鑑別の方法を徹底的にたたきこまれた。それにしたがって、現場では鑑別を厳密に行わなければならなかったそうだ。

同世代の女性たちのなかには蚕が怖いという人もいるが、タミさんは初めから素手でつかんでも平気だったし、蚕の顔をのぞくと表情がそれぞれ違うのが面白かったという。ときには、可愛らしくて思わず頬ずりをしたこともあったそうだ。

村の人たちは鑑別嬢をいつも歓迎してくれて、それぞれの家でご馳走をつくりもてなしてくれた。また都会からやってくる若い女性がめずらしかったのか、「鑑別嬢が来た」「片倉嬢が来た」と言って村の若い衆たちが集まってくることも多かった。お世話になっている家の五右衛門風呂を借りて、見られないように傘を被って入っていたら、気がつくと大勢の若い衆に風呂のまわりを囲まれていて出るに出られなかったこともあったと、タミさんは顔を赤らめながら話してくれた。

鑑別嬢については、他にも何人かの利用者から話を聞いた。谷川静江さんの実家では、蚕の種をつくっていた。種を育てられるのは質のよい繭をとれる家だけだった。静江さんの家にも種を扱う会社から鑑別嬢が派遣されてきた。きれいな若い娘さんたちだった。雄と雌とを分けるのがとても早かったのを今でも覚えているという。

日本種と中国種との一代交雑種の開発と全国の農家への普及によって、より高品質な絹糸を生産できるようになり、日本の製糸業は近代になって大きな展開をみせたと言われている。したがって優れた蚕種を効率的につくり続けるには、雄／雌、日本種／中国種を交尾の前に明確に分ける作業が必要になる。複雑な知識と技術を習得し、各村々に派遣されて働いていた鑑別嬢は、日本の養蚕業もしくは製糸業の発展を地域において支えていた存在なのである。

●「味噌漉し奥さん」と呼ばれて

これまで民俗学の調査は、第一次産業を担う農村や漁村、山村などが対象とされることが多く、実際私もそうしたムラを選び調査してきた。だがそのような調査からは、当然サラリーマン家庭の生活の在りようが漏れてしまう。

高橋久恵さん、大正九年生まれ。久恵さんは、地元の大百姓の家の長女として生まれ育った。実家は大地主でもあり、たくさんの小作人を抱えていたという。また家には、女どん、男どんと呼ばれる使用人もいた。女どんは女中をしていて、男どんは百姓仕事を手伝ったり、馬方をしたりしていた。女どん、男どんは二十歳前の人たちで年季奉公だった。そうした家庭のなかで育った久恵さんは、まわりに「お嬢ちゃん」と呼ばれていたそうである。

当時の結婚は家格のつり合いが何よりも大切だった。実際に久恵さんの母親も地主の家の生まれで、嫁に来たときには千棹ほどの嫁入り道具を持ってきたという。そして持ってきた箪笥を開き、中の着物を村人たちに披露するのが地主の威厳を示すのに効果的だった。

久恵さんにも親や親戚からたくさんの見合い話が来ていたという。それらは家柄が同格の農家からであった。しかし、久恵さんは絶対に農家には嫁に行きたくなかった。なぜならば、母親のことを見ていたので農家の嫁がどれだけこき使われるかよく知っていたからだった。だから見合い話はすべて断った。

そんなときに、習っていた裁縫の先生から、国鉄職員の男性との結婚話がきた。ところが、その男性の父親は三島で足袋職人をしていた人だったので、まずは家格の違いが問題となった。さらに、国家公務員であるもののサラリーマンであることに変わりはないことから、久恵さんの両親はこの結婚に大反対だった。母親は「『味噌漉《こ》し奥さん』になってもいいのか、そういう生活でもいいのか？」と言って泣いて反対したという。

「味噌漉し奥さん」とは、月給取りの奥さんのことを言ったのだそうだ。「味噌漉し」とは、味噌を漉して溶かしたり、米を研いだりするために使っていた小さな竹笊《ざる》のことである。したがって「味噌漉し奥さん」とは、サラリーマンの家は蓄えがないために、そこに嫁げば味噌漉し笊を持って毎日お米を買いに行くような生活になる、つまり毎日の食べ物に困る生活を送るようになるという、農家の人たちがサラリーマン家庭を見下した言葉として使われたのだそうである。

そうした両親の反対のなか、久恵さんはその男性とこっそりとお見合いをした。その席で、男性がとても苦労をしてきた人であったことを知ったのである。六歳のときに母親が亡くなって、父親は再婚した。そのため、前の母親の子どもを学校に通わせるために、男性が新聞配達をしてお金を稼いだという。それまで恵まれた生活をしていて苦労知らずだった久恵さんは、そんな苦労をしている人がいるのか、じゃあ私が幸せにしてあげたいと強く思ったのだそうだ。それで、どうしてもこの人と結婚したいと、反対する両親を一生懸命に説得した。久恵さんは、味噌漉し奥さんでもいい、それでもいいから、自分は絶対に農家には嫁に行かないと粘った。そのため、両親も泣く泣く折れて、ようやく結婚できたのだった。

国鉄で管理職をしていたご主人の給料は決して悪いものではなかったが、結婚後も両親は久恵さんの生活を心配し、さまざまな援助をしてくれたそうだ。米は毎年実家でつくっているものをくれたし、また、当時は燃し木（薪）は日々の生活で欠かせない燃料だったので、それも実家の山からとってきたものをくれた。

それから家を建てるときにも実家からの援助があった。結婚したときに、三島の官舎で生活する予定だったが、久恵さんが官舎生活は上司の奥さんたちに気を遣わなければならないから嫌だ、と言ったので、久恵さんの実家が費用の援助をして家を建てたのだそうだ。

両親からは「体《てい》のいい婿をもらったようなもんだ」といつも皮肉を言われたが、それでも両親は娘が不便な生活をすることがないようにと、いつまでも支えてくれたんじゃないかなと、久恵さんは笑いながら振り返る。そしてこうつぶやいた。

「今ごろ生きていたら親孝行ができたのに……」

久恵さんの父親は五十四歳の若さで病気で亡くなったのだそうだ。母親は七十二歳まで生きて、父親が亡くなった後も、久恵さんのことを見守ってくれた。

都市から農村へのまなざしについてはしばしば研究対象とされることもあるが、「味噌漉し奥さん」という言葉には、都市部のサラリーマン家庭への農村の人たちからのまなざしがありありと感じられて興味深い。貨幣経済が浸透しつつあった社会であっても、まだ食糧事情の決してよくない時代には、いくら月給があり収入が安定していようと、食べ物を自分でつくらないサラリーマン家庭の生活は、農家に比べ実際に不安定であったのだろう。久恵さんの語りには、そうした都市部のサラリーマン家庭の生活の現実も垣間見られるのである。

●産児制限下の女性たち

ある日レクリエーションの時間に職員が利用者に子どもの数を聞いていて、その数が意外に少ないことに驚いていた。そのとき私のそばに座っていた谷川静江さんが、「六車さんは若いから知らないかもしれないけれど、私らの時代にはさ、産児制限があったんだよ。だから子どもはそんなに産まなかったさ」と教えてくれた。

終戦直後の急激な人口増加への対策として、優生保護法の下に産児制限が行われたことは、社会学や歴史学の研究の成果を通して私も知識としては知っていた。しかし、それが具体的にどのように行われたのかは知らなかったし、今までのフィールドワークでも一度もそうした話を直接当事者たちから聞いたことはなかった。おそらく民俗学でもあまり正面から調査研究されてこなかったテーマなのではないだろうか。

昭和九年生まれの静江さんによると、産児制限が始まると産婆さんが月に一回無料でコンドームを各家に配布して、使い方を教えに歩いていたのだという。そして、高価であってもできるだけ品質がよくて破けにくい日本製を使うようにと指導された。静江さんは当時すでに長男がいたが、その後娘を一人産んだ。実の母親には子どもは二人でいいのかと心配されたが、姑には二人いればもういらないから産むな、と言われたそうだ。

また、産児制限の当初はコンドームはそれとわからないように黒い紙で包んで薬局の陰で売り買いされていた。だが避妊の意識がだんだん浸透していくにしたがって、薬局でも公に売られるようになった。それでも女の身でコンドームを買いに行くのは恥ずかしかったし、買ってきても男性はつけるのを嫌がったのだと生々しい体験を語ってくれた。

一方、昭和二年生まれの古川睦子さんは五人の子どもを産んだ。ご主人は、そんなに子どもが多いと恥ずかしいからやめろと言ったのだそうだが、睦子さんは子どもをたくさん産んで賑やかな家族をつくりたかったので、反対を押し切って産んだのだそうだ。その甲斐あってか睦子さんには一三人のお孫さんがいる。

それにしても、「産めよ、増やせよ」が当然だった戦時中の意識から、「子どもが多いのは恥ずかしい」という意識へと戦後急激に変化していったことはたいへん興味深い。そうした人々の意識の変化を当事者たちへの丹念な聞き書きから探っていくことが、戦後の日本社会を考えるためには、これからますます必要になっていくのではないだろうか。

●朝鮮の平壌で生まれた

さて、聞き書きのなかでは思わず差別の問題に触れてしまうこともある。ここでひとつ紹介しておきたいのが、大正十五年生まれの斎藤由紀子さんの話である。

由紀子さんの口癖は、「私は朝鮮の平壌で生まれたの。チョウセンサラミ（朝鮮人）、チョウセンサラミってよく言われたの」だ。ショートステイの利用期間中、この言葉を何回聞くかわからない。なぜ朝鮮で生まれたのか、いつ日本に戻ってきたのかについてはかなり記憶は曖昧である。以前は、終戦の前に平壌からなんとか抜け出し、京城（今のソウル）まで南下してきて日本に帰ってきたと言っていたが、最近は、小学校にあがる前に日本に来て、小学校で「咲いた咲いた桜が咲いた」「来い来いシロ来い」「進め進め兵隊進め」を習ったのを今でも覚えていると言っている。

頻繁に面会に来るご主人にうかがってみると、詳しいことはわからないが、由紀子さんの父親は軍属で、由紀子さんが十九歳のときに父親が亡くなったので、母親と兄弟とともに父親の故郷である宮城県のある村の親戚の家に来たと聞いているそうだ。ところが親戚から厄介者扱いされ、すでに嫁いでいた由紀子さんの姉を頼って、大分に来たのだと言う。由紀子さんは大分のある都市の役場に勤め、ご主人と出会った。

認知症による記憶障害によりそのあたりのことはほとんど覚えてはいないが、由紀子さんは朝鮮での生活について、ときどきこんなことを話してくれる。

朝鮮の平壌というところはとりわけひどいところだったの。京城とは大違いだったよ。寒くてね、たまらなかった。朝鮮には、オンドルっていうのがあってね、竈《かまど》でね火をたくでしょ、そうするとずっと下のほうまで温かいのが広がるのよ。台所の向こうには六畳かな、八畳ぐらいだったかな、部屋があってね、そこで家族みんなで寝たのよ。下からぽかぽか温かくてね。

軍属の家族が、寒い冬の夜にオンドルのついた朝鮮式の家屋で身を寄せ合って居住していたことがわかる。

それから、由紀子さんはときどき、オモニ（お母さん）やアボジ（お父さん）という単語とともに、「チョウセンマルモルガッソヨ」という朝鮮の言葉を披露してくれる。「朝鮮語は話せません」という意味だという。「朝鮮語は話せません」という由紀子さんだが、子どものころはよく朝鮮の人たちと交流していたようである。

よくね、ご飯を食べていきなさい、って言われてね、朝鮮の友達の家でご飯をご馳走になったの。それがね、とてもおいしくてね。「マシッソヨー（おいしい）！」って言ったもんよ。

おそらく平壌でも日本語教育を受けていた由紀子さんは（「咲いた咲いた桜が咲いた」などはそのころの記憶か）、朝鮮の人たちとの日々の交流のなかで、いくらかの朝鮮語を覚えていったのだろう。

そんな由紀子さんだが、日本に帰ってきてからは大変だったようだ。「チョウセンサラミ（朝鮮人）」と指差され、いじめられたという。石を投げられることもあった。それ以上の具体的な記憶はなかなか語られることはないが、「平壌生まれ」「チョウセンサラミ」をことあるごとに繰り返す由紀子さんにとって、それによる過酷な経験は彼女の人生を決定づけるほど大きかったと考えられる（実際にご主人によると、認知症が発症する以前は朝鮮生まれの話など一切口にしなかったという）。

●アリランを歌う人たち

さて、由紀子さんを喜ばせようと、ある日私は、朝鮮民謡であるアリランのCDをショートステイのリビングでかけてみた。初めはピンとこなかった由紀子さんだが、そのうちにこにこしながら「アーリラン、アーリラン、アラーリヨ」と歌い始めた。あまりに嬉しそうだったので、私は何度かCDをリピートした。すると驚くことに、リビングにいた他の女性利用者たちの何人かがアリランを口ずさみ始めたのである。そして、由紀子さんと他の利用者との声が一緒になって大合唱となった。

大正九年生まれの瀬名喜代子さんに尋ねてみた。アリラン、知っているんですか？　と。すると、「女学校に通っていたころに友達みんなで集まるとよく歌ったのよ」と教えてくれた。その言葉に耳を疑った私は、大正十二年生まれの田川真佐子さんにも同じ質問をしてみると、やはり子ども時代に歌ったという答えが返ってきた。他の利用者も同じ答えで、どうやら子ども時代、娘時代に流行っていたので自然に覚えたそうなのだ。ちなみに、昭和十年代生まれの利用者は知らなかった。

私は、聞き書きのなかでこの地域の紡績工場に朝鮮人労働者がいたことを聞いていたので、そうした在日の朝鮮人たちからアリランを教えてもらったのかと想像し、当時、朝鮮の人たちとの交流があったのかを尋ねてみたが、多くの利用者が朝鮮人労働者の存在は知っていても、実際に日常的な関わりを持っていなかった。

その後、そのことがずっと頭の片隅にひっかかっていた私は、『アリランの誕生』（宮塚利雄著）という本を見つけ調べたところ、昭和六年にビクターレコードから小林千代子の「アリラン」が発売され、続いて翌年に古賀政男編曲の「アリラン」がコロムビアレコードから長谷川一郎と淡谷のり子のデュエットで発売されて以降、日本においてアリランが流行し始めたということがわかった。

著者である宮塚によると、大陸をテーマにした歌や映画が国策としてつくられヒットしたのに連動した「ご当地ソングブーム」のひとつだったそうだ。そういえば、利用者たちが口ずさむアリランは、後半が日本語であった。彼女たちは、娘時代にラジオから流れてくる流行曲に耳を傾けて覚えたのであり、アリランもそうした曲のひとつだったのだろう。

朝鮮生まれの由紀子さんのためにとかけたアリランのCDであったが、戦前の国策下に地方の子どもや娘たちがアリランを大きな声で歌っていた光景に思わず出会うことになったのだった。

●聞き書きの無限大の可能性

一般的に老人ホームは、身体能力も記憶力も衰えた〝社会から見捨てられた〟老人たちが集まっているというイメージがあるのではないか。民俗研究者の意識もそう変わりはしないだろう。だから老人ホームの利用者など聞き書きの対象にはならないと、「介護民俗学」の可能性など真っ向から否定されるかもしれない。

だが、ここで紹介したように、子どものころから青年期についての彼らの記憶はかなり鮮明であり、ムラで出会うお年寄りたちに勝るとも劣らない記憶力の持ち主たちばかりである。それは認知症を患った利用者であってもあまり変わらない。というのも、ここに紹介した利用者たちの半数以上は軽度～中度の認知症を患っているのである。

老人ホームにこそ多様な人生を歩んできた人たちが集まっていると私は確信している。そして、彼らの生き方は、これまで民俗学で〝想定〟されてきたテーマをはるかに超えているのだ。ここで紹介した利用者たちの語りには、これまで民俗学では対象とされてこなかった人々が多く登場する。そうした「忘れられた日本人」はまだまだ老人ホームには潜在しているに違いない。

また、老人ホームの利用者の年齢には幅があるし、生まれ育った場所も広範囲に及ぶ。蚕の鑑別嬢やアリランのところでも触れたように、一人の利用者への聞き書きが、年齢が違ったり、他の地域で育ったりした利用者への聞き書きへと広がっていき、時間的空間的な膨らみをもっていくことを実感することも多々ある。

老人ホームは、まさに「民俗学の宝庫」なのであり、聞き書きの可能性は無限大に広がっていく。

女の生き方

深い霧の中で

三十五歳を過ぎたころだったろうか。自分がこれからどう歳を重ねていったらよいのか、ということを考え始め、その見通しがまったく立たないことに大きな不安を持ち始めたのは。それまでただ仕事と研究とそして恋愛に邁進し、充実した人生を生きてきたつもりだったのだ。が、ふと気づいたときには、普通であれば結婚し、子どももいる年齢になっているのに、まだ私自身は何も将来の人生設計ができていないという現実に直面して愕然としたのである。突然深い霧の中に迷い込んだような気持ちだった。

それから、言い知れぬ不安のなかでもがきながら、その不安を少しでも解消したいという思いが強くなり、ムラでのフィールドワークでは特に女性のお年寄りを中心に意識的に話を聞き始めた。それまでは村の祭りや信仰をテーマに調査をしていたために、必然的に祭りの表舞台に登場する男性にお話を聞くことが多く、あまり女性たちに話を聞く機会がなかったのだ。でもそのときからは、研究のためというより、むしろ自分がこれから生きていくためのヒントを得たいというすがりつくような思いで、女性たちに話を聞くようになっていった。

東北の村々で出会うばあちゃんたちはみなとても魅力的な人々だった。相当な苦労をされているのに、それを笑い飛ばして生きる力強さが感じられた。今まで聞き書きをしてきた男性たちの人生はみなこうしたたくましい女性たちに支えられてこそあったのだ、ということもよくわかった。

でも、そうした魅力的なばあちゃんたちの人生に触れれば触れるほど、かえって私の心は不安定になっていくばかりだった。村で生まれ村で生きてきた女性たちの生き方を尊敬する一方で、そうした伝統的な社会規範から逸脱して生きてきた女としての自分の人生とのあいだに、どうにも埋めがたい深い溝があることを意識せざるを得なかったからである。

村を訪れるたびに浴びせられる「なぜ結婚しないんだ」という言葉が、さらに私を追いつめていった（ある意味で彼らからしたら当たり前に抱く疑問であることも理解していたのだが）。私の生き方は間違っているのだろうか。いったい私はこれから女としてどう生きていけばよいのか。目の前に立ちこめる霧はますます深く暗くなっていった。

●仕事をする女性たち

高齢者介護の現場に飛び込んでから、多くの利用者たちの人生に触れてきた。他の施設でも同様だと思うが、私の勤務する施設では利用者の約八割が女性である。まさに日本の平均寿命の男女差を体現しているといっていいだろう。そうした環境のなかでたくさんの女性利用者たちにお話を聞く機会を得ている。その積み重ねによってこれまで知らなかった女性たちの多様な生き方が浮かび上がってきた。

私がお話を聞いている方は多くが大正一桁から昭和一桁生まれの女性たちなのだが、これまでムラで聞き書きをしてきたときに出会ったばあちゃんたちと同じように農家に嫁いで家事と農業を担ってきた女性たちがいる一方で、看護婦、電話交換手、旅館の仲居、布団の技術者、蚕の鑑別嬢など仕事に生きてきた女性たちがたくさんいることを知ったのである。

たとえば、大正九年生まれの吉田かなゑさんは、高等小学校を卒業後、決して裕福ではなかった家の家計を支えるために沼津の電話局に入社し、電話交換手として約八年間勤めたという。ほかにも、大正十年生まれの石川ともゑさんも三島の電話局で働いていたというし、大正三年の秋田生まれ秋田育ちの佐藤一枝さんも大曲の郵便局で電話交換手をしていたこともわかった（郵便局と電話局は同じ逓信省の管轄であったため、地方の小都市では郵便局の中に電話局が併設されていたのである）。他の女性利用者にもうかがってみると、袴を履いて正装して働く電話交換手は、当時は若い女性の憧れの仕事のひとつだったそうだ。

吉田かなゑさんに電話交換手の仕事について話を聞いてみた。

電話の交換手はほとんど女性だった。電話がかかってくると、ランプがつく。「はい」と出ると、相手が「何番」と言う。そして言われた番号のところにコードをつなぐのである。電話が終わるとランプが消える。そうしたらそのコードを抜く。それが電話交換手の仕事だった。人の電話を盗み聞きすることはなかったけれど、毎日のように夜の同じ時間に同じ番号に電話をかけてくる若い男性がいて、その声からどんなすてきな男性だろう、どんな話をしているんだろうといろいろと想像し、同僚たちのあいだでも話題になったことなどもあったという。

また、夜勤のときは電話もかかってこないし暇だったから、眠らないようにするのが大変で、各電話局の交換手同士で電話をつなげて話をすることもあったという。それで仲良くなって、知り合った甲府の電話局の交換手とか東京の電話局の交換手などに実際に会いに行くといったこともしていたそうだ。

そうした女性だけの楽しい職場である一方で、電話交換手は当時はエリート女性の仕事だったため、苦労も絶えなかったという。石川ともゑさんは、そんな話を聞かせてくれた。

入社当時、交換手のなかではともゑさんがいちばん若かった。そして学歴も低かった。ともゑさんは高等女学校を出ていなかったのだ。だから、試験では一番でも、評価はいつも低かったという。入社後三か月の教育期間があり、電話についてのあらゆる勉強をした。そして定期的に試験を受けた。ともゑさんは「なにくそ、負けてたまるか」という思いでがんばった。試験結果の順位が張り出されるといつも一番だった。電話交換技術の競技会があって、それにも絶対に負けなかった。それでも女学校を出た人のほうが評価は上だったのだそうだ。

二十歳で結婚してから間もなく、ともゑさんは将校であるご主人とともに満州に渡ったため交換手の仕事は辞めたが、戦後再び交換手をすることになる。実は満州にいるころからご主人には何人もの女性がおり、日本に帰ってきてからも女性の影が絶えることはなかったのである。あるときなどは、ご主人とつきあっているという女性がわざわざ家を訪ねてきたことがあるそうだ。ともゑさんは、もうどうでもいい、面倒くさいと思って、「どうぞお好きになさって」と言い残して、子どもを連れて実家に戻ってきてしまった。

実家に戻ると、母親に「あんた一人なの?」と問いつめられたが、ともゑさんとしては、電話の交換手の仕事ができるので食べるのに困らないし、もうご主人のもとに帰ろうとは思っていなかったそうだ。当時、どこでも電話交換手は引っ張りだこだった。だから職にあぶれることはなかったのである。ともゑさんにも間もなく地元の役場から誘いがあり、電話交換手として働くことになった。当時、女が離婚するというのは世間的によくは思われていなかったが、ともゑさんは、それもどうでもいいと思っていた。手に職があったので、それが強みだったと思うとともゑさんは言う。

ご主人の再三の実家への訪問と謝罪の末、一か月余りでともゑさんはご主人のもとに帰った。実家の母親から、「一人で子どもを育てるのは大変だし、女も男もいつかは年をとるんだから帰りなさい」と説得されたことも大きかったという。ともゑさんが帰ると、ご主人は最初、「俺の顔に泥を塗ったな」と言ってどなり散らしたが、それでも以前よりも傲慢さが少しなくなった。

役場の交換手はその後も続け、ご主人が亡くなった後は、ご主人の実家で暮らしながら三島の電話局に臨時職員として勤務した。電話交換手という専門職としての知識と経験が、ともゑさんの凛とした生き方を支えていたのである。

交換手の仕事は、一人で子どもを育てる吉田かなゑさんの生活も支えていた。

かなゑさんは二十四歳で警察官の男性と結婚したものの、ご主人が四十二歳で亡くなってしまい途方に暮れたが、幼い四人の子どもたちを育てていくために、気持ちを奮い立たせて再び電話の交換手として働いたのだという。ただ今度はご主人の仕事の関係上、警察署の電話交換手に就いた。警察の場合は夜勤もあったために子育てや家事との両立は大変だった。夜勤明けに家に帰ると、もう洗濯するだけで精一杯だったという。子どもたちも幼いながら母親の苦労をよく理解してくれていて、夜勤のときには買い物に行って食事をつくってくれたりしたそうだ。

母子家庭だからといって惨めな思いはさせたくないと、かなゑさんはいちばん下の息子さんが高専を卒業するまで一生懸命働き続けた。「女手ひとつで四人もお子さんを育てるなんてすごいですね」と私が感嘆すると、かなゑさんは少し照れたようにこう言った。

いざとなれば女も強くなれるんですよ。それにお陰さまで体が丈夫で病気なんてしたことがなかったから、どうにかなりました。自分でもけっこう苦労してきたなと思うけれど、でもあんまりそんなことを自慢したりしたくないの。

普段はとても穏やかでもの静かななかなゑさんが、そんな苦労してきたとはお話を聞くまで想像もつかなかった。苦労の跡を見せないかなゑさんの生き方が、私にはとても素敵に思えた。

●大切な人

認知症とうつ病を患っている青島まさ子さん（昭和五年生まれ）は、家に閉じこもりがちで、デイに来ても他の利用者たちと交わることなくいつも不安げな暗い表情をしている。でも、まさ子さんに昔のお話を聞くと、表情が一変して明るくなる。まさ子さんが楽しげによくされる話のひとつは、長野県の山村で生まれ育ったころのことである。

両親は炭焼を生業にしていたために山にある炭焼小屋に泊まることが多く、まさ子さんの世話はおばあちゃんがしてくれたという。八人兄弟のなかでも体の弱かったまさ子さんのことをおばあちゃんはとりわけ可愛がってくれて、病気や怪我をするとすぐに村から遠い町の医者へ診せに行ってくれたり、学校へ行く前に髪を梳《す》いてくれたりもした。

まさ子さんもおばあちゃんのことが大好きで、おばあちゃんに付いて畑仕事や山仕事を手伝っていた。食べられる山菜や木の実、キノコの種類もおばあちゃんに教えてもらったという。まさ子さんの人生にとっておばあちゃんはかけがえのない存在だった。

そんなおばあちゃんがまさ子さんに対してよく言っていたのは、「お前はこんなところで苦労せずに山を下りて生きなさい」という言葉だったそうだ。まさ子さんはそのおばあちゃんの言葉に従って山を下りた。彼女は、箱根の温泉宿で仲居として長いあいだ働いた。まさ子さんの表情が生き生きとする話題のもうひとつは、そのころの話である。

当時の箱根温泉は東京から来る裕福な客たちでずいぶんと賑わっていた。気立てがよく気の利くまさ子さんは客から喜ばれ、いつもたくさんのチップをもらったり、リピーターの客たちから指名を受けたりしていたそうだ。お酒の飲めないまさ子さんはお酒相手にはなれないので、その代わりにお客さんに楽しんでもらおうといろいろな工夫をしていたという。仕事は忙しかったが、楽しくて仕方がなかったとまさ子さんはいつも話してくれる。

ある日、いつものように山での暮らしや仲居として働いていたころのことをお聞きしていると、まさ子さんは、故郷にあった炭鉱のことを話す流れのなかで、自分は九州の男性と結婚したのだと話し始めた。それは初めて聞く話だった。その男性は高給取りのサラリーマンだったので、まさ子さんは何の不自由もなく悠々自適に暮らしていたという。ある日、当時ではまだ珍しかった洗濯機を買ってくれた。それがとても嬉しくて、さっそくご主人のシャツを洗ってみた。ところがシャツのポケットにお札が入っているのを確認せずに洗濯してしまったため、すべてカスになって流れてしまった。まさ子さんによれば、その金額は給料のかなりの部分を占めるような高額だったとのことである。

ご主人は許してくれたものの、まさ子さんはそもそもそれまでご主人に頼りっきりで漫然と生きてきたのが悪いのだと自分を責め、流してしまった大金を自分が稼いで返すので離婚をしてほしいと訴えたという。お兄さんの仲介もあって離婚が成立し、それからまさ子さんは、元ご主人にお金を返すためと、子どもを育てるために箱根の旅館で必死に働いたのだそうだ。

もちろん、離婚の原因が実際に〝洗濯事件〟だったかどうかは定かではない。しかし、ご主人への申し訳なさとともに愛情が強かったことはよく伝わってきた。何年もかかってようやく全額を元ご主人に返したと、まさ子さんは言う。

その後、一度だけ元ご主人に電話をしてしまったそうだ。そして、「お金はすべて返したけれど、私はあなた以外の人と再婚するつもりはありません」と必死の思いで伝えた。その気持ちは元ご主人もわかってくれて、それから仕事や家庭のことなどいろいろなことがあるたびに相談に乗ってくれたり助けてくれたりしたという。まさ子さんにとってはおばあちゃんと並ぶ、もう一人の大切な存在だったのである。

まさ子さんは病気の症状として幻覚・幻聴がある。ときには、見知らぬ子どもが寝ているまさ子さんの足元にやってきて針で足を刺したりする、と訴えるときもある。そんなまさ子さんの不安定な心を支えてくれているのは、おばあちゃんと元ご主人である。まさ子さんは、「いつもおばあちゃんと九州の人（元ご主人のこと）が会いに来てくれるんです」と頬を赤らめる。今でも二人がまさ子さんを守ってくれている。

●人生の苦楽を味わってきた

ショートステイで私が初めて菅谷聡子さんを見かけたとき、色とりどりの豪華な宝石のついた指輪で両手の指を飾っていた。「きれいですね」と声を掛けると、「家のタンスの中に転がっていたものを適当につけているだけよ。指に金銀をつけていると運気が上がるっていうからね」とさらりと答えてくれた。指輪だけではなく、洋服も眼鏡も化粧も、身につけるものはすべて鮮やかでありながら上品である。しかも、しゃべり方が江戸っ子のようにちゃきちゃきとした姐御《あねご》肌の女性でもある。

他の利用者とは雰囲気の異なる聡子さんに、私は一目で惹きつけられた。聡子さんはどんな人生を送ってきて今ここにいるのだろう。私は聡子さんにお話をぜひ聞いてみたいと思った。

聡子さんは昭和三年生まれ。実家は大店で、お手伝いさんを大勢雇っていた。そんな恵まれた環境のなかで、ひとり娘だった聡子さんは親に甘やかされて育ったという。商家だったので父親は何もできなくていいと言って、聡子さんには家事はさせず、嫌いな裁縫もやらせなかった。「だから襦袢も縫えないの」と少し恥ずかしそうに言う。だが結婚してからも女中さんに家事の一切を任せていたので、困ることはなかったという。

そのかわり勉強も遊びもよくした。子どものころは、家の二階にこもり小説を読みふけった。また成人してからは日舞を習い、男舞を踊っていた。結婚してからはご主人と一緒に芸者遊びもした。「今日はちょっと芸者を上げましょうか」と聡子さんが言うと、ご主人もその誘いに乗り、夕方になると二人で料亭に出かけていく。そして三、四人の芸者衆をお座敷に上げて豪遊することがたびたびあったのだそうだ。

「線香一本いくらっていう計算だったわね。いくらだったかは私は知らないけれど」

なんとも粋な生き方ではないか。

聡子さんは、生まれてからこれまでお金には困ることなく、悠々自適で自由気ままに生きてきたのだった。でもその一方で、人生の辛酸もなめ尽くしてきていた。

聡子さんによれば、実家の店を継いだご主人は背が高く男前だった。そのためか女遊びが絶えず、聡子さんはいつも苦しめられてきた。二人で料亭に出かけても、帰りは聡子さんひとり車に乗せられて、ご主人はいちばん若くてきれいな芸者を指名して遊びに行ってしまい、朝帰りをすることがたびたびあった。バーのママを連れて旅行に出かけてしまうこともあったし、店の事務員として働いていた若い女性と関係をもっていたこともある。その女性から聡子さんは嫌がらせを受けて苦しんだ。八十五歳で亡くなったときにも愛人があったという。でも亡くなった後は墓参りにも一回も来ない。聡子さんは、仏壇に向かって、「ほら見なさい、あなたがどんなに好きでも、彼女は墓参りにも来ないじゃない」と何度もぼやいたそうだ。

ご主人には常に女性の影があった。だがご主人に対して、聡子さんは何も言えなかったという。言っても何も変わらないし、殴られるだけだったからだ。「そういう男を旦那にもつと、女ばかりが苦労するんだよね」と聡子さんは悲しいとも悔しいともつかない表情を浮かべた。

聡子さんの苦しみはそればかりではない。跡取り息子が数年前に肺癌のために亡くなった。そしてその後ご主人が脳出血で倒れた。ご主人は施設に入ることを頑強に拒んだので、聡子さんは自宅でつきっきりで介護した。そして聡子さんに看取られて、息子の後を追うように亡くなった。苦労させられたとはいえ、相次いで身内を亡くした喪失感は大きい。

そうした苦楽を存分に味わってきた聡子さんは、自分の人生を冷静に受け止めているように見える。いつも私たちに前向きな考え方を披露してくれる一方で、その後ろには底知れない孤独が感じられる。だからだろうか、いろいろな利用者がいる施設の中でもとりわけ目立つ聡子さんは良くも悪くも注目の的だが、それにまったく動じることなくマイペースに過ごしている。かといって、まわりに無関心かといえばそうではなく、他の利用者の様子をよく見て気を配っているのである。

ある朝、いつも冷静な聡子さんの表情が驚くぐらい曇っていた。長期ショートステイの一時帰宅後のことである。「おはよう」という声も濡れている。聞いてみると、娘さんが亡くなったのだという。

聡子さんの娘さんはずいぶんと前から癌を患っていて再発を繰り返し、そのたびに抗癌剤治療を受けていた。娘さんの体がどんどん弱くなっていくのが心配でたまらないと以前にも心の内を話してくれていた。その娘さんが、聡子さんが入所しているあいだに亡くなってしまった。娘の遺言で聡子さんには知らせなかったのだと、一時帰宅したときにお孫さんから聞いたそうだ。

娘が「死んだらすぐに迎えに来るよ」と言っていたのに、全然来ないのよ。息子も旦那も死んで、そして娘も死んでしまった。もう血のつながった家族はいない。だから私は生きていても仕方がない。

聡子さんの絶望の深さは痛いほど伝わってきたが、私にはどう声を掛けていいのかわからなかった。ただ、「そうですか」と、うなずくことしかできなかった。

翌朝ショートステイに様子を見にいくと、聡子さんにはいつもの飄々とした笑顔が戻っていた。聡子さんは言う。「きのうの夜ね、ここでね、宴会やったのよ」と。「宴会?」と私が驚くと、聡子さんは同じショートステイの利用者である鎌田徹さんの方を向いて「ね!」と言いながら、右手で乾杯のポーズをとった。その場にいた夜勤の職員も目配せをした。鎌田さんはいつも寝酒を楽しんでいる人である。なるほどと納得した。

後で聡子さんと話していたら、「私、きのう気が狂いそうだったの。本当に。でも、お酒の力に助けられたわ。鎌田さんにもたくさん話をしたの。いい飲み友達ができたわ」。そうこっそりと教えてくれた。

脳梗塞による片まひの後遺症が残る鎌田さんは、頼りにしていた奥さんを数年前に亡くしている。聡子さんと鎌田さんはどんな一晩を過ごしたのだろう。利用者の悲しみを利用者同士で分かち合い、そして励まし合っている。もしかしたらそれがいちばん理想的な利用者同士の関係なのかもしれない。

●あなたの生き方をすればいい

これは私が女性利用者たちに聞いた話のほんの一部である。ほかにも私が想像もつかない人生を送ってきた方やこれまでまったく知らなかった職業に就いていた方などもいて、女の人生と一言でいっても、すでに大正一桁生まれの女性たちでさえ、現在と変わらないほど多種多様な生き方があったのだといつも驚かされるのである。

さて、深い霧の中でさまよっていた私はというと……。まだ迷いや不安が完全に払拭できたわけではない。それでも、老人ホームでそれぞれの女性の生き方に深いところまで触れる機会を得ることで、誰かの真似ではなく、自分は自分の人生をまっすぐに歩いていってもいいのかもしれない、と思えるようにはなってきた。

お話を聞かせてくれる女性利用者たちも最初は私が未婚であることや今までの経歴を知ると「どうして？」と驚いていたが、最近はそんな私にいつもこう声を掛けてくれるようになっている。

「今の世の中は結婚するもしないも自由だよ。六車さんは六車さんの生き方をすればいいさ。それがいちばんいいことだよ」

多くの利用者たちに励まされて、今、私は生きている。

第二章 カラダの記憶

身体に刻み込まれた記憶

ジェスチャーゲーム

デイサービスの介護職員が頭を悩ますことのひとつは、月に何回か担当として回ってくるレクリエーションで何をやるかということである。ベテランの職員は自分の得意分野を中心にいくつかの持ちネタを常に用意していて、それをその日の利用者の顔ぶれや能力に合わせて実施しているが、まだ経験不足の私は前夜にレクの準備に奔走することになる。

ある日の朝、いつも通りに出勤すると役割分担表の私の名前に「レク」のマークがついている。

どうやら職員数が減ったために役割分担が急に変更になったようだ。そこで苦しまぎれに思いついたのが「ジェスチャーゲーム」だった。紙に書いた〝お題〟を見せてそれを言葉を使わずに身振り手振りで表現してもらい、他の参加者がお題を当てるというゲーム。言葉を使わないでジェスチャーのみで理解してもらうというのは意外に難しく、頭を使うものである。

さて、お題を十分に考える間もないままレクの時間を迎えた私は、利用者に向かって例を挙げてジェスチャーゲームの説明をした。みなさんまだピンときていない様子だったが、ともかくも始めてみようと、山本一夫さんにまずはお願いして前に出てきてもらった。というのも、一夫さんはレクなど職員の行うことに対していつも協力的であり、これまで何度かお話する機会があったので、彼が長年農業に携わってきたことがわかっていたからである。そこで、一夫さんへのお題は「脱穀機」とした。

みんなの前に立ち最初は不安げにしていた一夫さんだが、そのお題を見たとたん、「よし！」と大きくうなずいて立ち上がった。そして腰をかがめ右足を上下に動かし、何かをつかんだような両手をその上に差し出して上下させた。

私は予想外の動きに一瞬戸惑った。実は私は「千歯扱《こ》き」を想定してお題を出したのである。千歯扱きだったら、稲束を持った両手を向こうから手前に引く動作のはずだった。しかし私がそんな戸惑いを感じているあいだに、一夫さんの動作を見ていた利用者のなかから何人かが「脱穀機！」と叫んだ。私はさらに驚いた。利用者たちには一夫さんの動きが瞬時に理解されたのであった。

率直に一夫さんに尋ねた。「私、脱穀機って千歯扱きを考えていたんですけれど、いま一夫さんがやったのはどういうものですか?」と。すると、一夫さんはこう言った。

「千歯扱きなんて、俺らは使ったことないよ。じいさんの時代にはあったみたいだけど。これは足踏み脱穀機。右足でこうやって踏むと、いっぱい棘とげのようなものが出ている胴がぐるぐる回るんだよ。そこに稲束を押しつけるの。それで脱穀できるわけ」

再び手足を動かして説明してくれる一夫さんの動作をよく見ながら、そういえばどこかの民俗資料館で、金属製の棘のある胴型の脱穀機を見かけたことを思い出した。「ああそうですか、あれのことですね」と合点した私の様子を見て、一夫さんも他の利用者たちも大笑いをした。

民俗学の難しいところは、資料館等に多くの民具が保存されているものの、経験のない若い研究者にとってはその使い方がわからなかったり、たとえ文字で理解していてもその実際の姿を具体的にイメージすることがなかなかできない、ということである。だから、聞き書きでもしばしば話し手と聞き手のイメージするものが違ってしまうという失敗も起こる。江戸時代の脱穀機である千歯扱きを思い浮かべていた私は無知を恥じるばかりである。

●豊かな身体的表現力

次に、山田静雄さんに「餅つき」というお題を出した。

このときも私はひとつのイメージを思い浮かべていた。杵を持った両手を上下に大きく振り下ろす、餅つきを表す〝典型的なしぐさ〟である。ところが、またもや私の予想は外れた。静雄さんは腰を屈めたまま、下のほうで握った両手を細かく動かし始めた。見ている利用者も何かわからない様子だった。

私は、静雄さんが脳梗塞の後遺症で手足があまり俊敏に動かせないために小さな動きしかしていないのだと思った。そこで静雄さんに、「もう少し大きな動作でやってみてください」と耳元で囁いた。だが静雄さんはまったく構わずにしばらく同じ動作を続けた。そしてゆっくりと背を起こし、両掌にペッペッと唾を吹きかけて気合を入れてから大きく腕を振り下ろした。利用者のなかから「餅つき！」という声があがった。

そして、「はい、正解です。餅つきでした。初めからそうやって大きな動作でやってくれたらわかりやすかったんですけどね」と思わず感想をこぼしてしまった私の言葉に対して、利用者から意外な言葉が返ってきた。

「だってあれって蒸したもち米を臼の中で潰していたんでしょ。あれやらなきゃ餅はつけないよ」

他の利用者もそうそうとうなずいて大笑いしている。静雄さんのほうを振り返ると、にかっと笑っていた。

あらら、またしてもやられた！　たしかにその通りである。〝典型的なしぐさ〟しかイメージしていなかった私には思いもよらない動作だが、自分自身の体に染みついた経験から表現してくれる利用者にとっては、そこからが餅つきなのである。

苦しまぎれに思いついたにしては、ジェスチャーゲームはいろいろな意味で可能性に開かれたレクリエーションであった。お題を出す私の予想が完全に打ち砕かれることで私自身が快感を味わえることはもとより、言葉を使った聞き書きだけではわからない、利用者の体に刻み込まれた記憶が一瞬にして蘇ってくるきっかけになることがわかった。

そしてさらに、利用者たちの持つ豊かな身体的表現力にも驚かされた。彼らはひとつのお題に対して非常に詳細なところまで表現する。利用者たちは、長年の経験から体に染みついた動作をその場でリアルに再現してくれるのである。それは、経験未熟で物事を抽象的にしかとらえられない私などにはとても及ばない表現力である。

以来、ジェスチャーゲームは、私のレクリエーションの十八番《おはこ》になった。

●利用者の行動から見える生活史

そうした利用者たちの身体記憶は、レクリエーションの場だけに見られるのではない。日常的な行動をよく見守っていると、その利用者の暮らしてきた歴史が想像できることがある。

たとえば、排泄行動から見てみる。大正七年生まれの鈴木のり子さんは、認知症による見当識障害があり、入浴時や排泄時においても衣服の着脱が介助なしには十分にできない。そのため、のり子さんがトイレに向かうとそれを見つけた職員が付いていって見守りと介助を行う。

ある日、私が排泄介助をしていると、用を足したのり子さんがちぎったトイレットペーパーを掌で軽く揉んでから汚れを拭いているのを目にした。それはある期間続いたものの、私の知る限りでは今はほとんどしないようだ。今から考えてみるとのり子さんの行為は、まだ汲み取り式便所で〝落とし紙〟として使っていた新聞紙を揉んで柔らかくしてから使ったころの身体記憶が一時的に蘇ってきたのではないかと思えてくる。

そのように考えると、職員には理解しがたかった利用者の行為もその方の生活史を知る手掛かりとして見えてくる。大正十年生まれで認知症のある橘ちえさんは、トイレで用を足した後、使用済みのトイレットペーパーを汚物入れに入れるという行為が見られる。職員のあいだではまったく困ったものだと認知症による問題行動のひとつとしてとらえられているが、私はちえさんのその様子を見守りながら、もしかしたらこれはトイレが水洗化した初期のころの身体記憶ではないかと考えたりする。

私自身が十年近く前の中国旅行で経験したことなのだが、水量も少なく水圧も低い水洗トイレは紙づまりが起こりやすい。そのため、トイレットペーパーをトイレに流さずに汚物入れに捨てていたのである。おそらく日本でも水洗トイレ導入当時は、まだ紙も水に溶ける素材ではなかっただろうから、十年前の中国と同様に紙をトイレに流さなかったのではないだろうか。

だが、私のお世話になっている京都認知症介護研究会でこのことが話題になったとき、私の解釈に対する反論が出た。水洗トイレの過渡期は短いはずだから、認知症の方の身体記憶として残るだろうかというのである。そして農家出身の研究者はこんなことを教えてくれた。自分の家では汲み取り式便所を使うときに、使用済みのペーパーを便器に落とさずにごみ箱に入れていたというのである。というのも、その方の実家は比較的都市部にある農家で、畑も近隣家屋に囲まれていたのだそうで、そのため糞尿を肥に使うときに紙が入っていると、乾いた紙が風に煽られて舞ってしまい近所に迷惑をかけてしまうからだそうだ。

今までいわゆる農村で肥の話は聞いたことがあったが、ペーパーを別に捨てるというのは聞いたことがなかった。でもなるほど、都市部の農家だったらそういう配慮もありうるのだろう。ちなみに、後にちえさんの息子さんにちえさんの実家の場所をうかがったところ、三島大社のすぐ近く、すなわち都市部にあったということがわかった。

トイレットペーパーを汚物入れに捨てるというちえさんの行為が、いったい水洗トイレの導入期のものなのか、あるいは都市部の農家の特徴なのかは、さらに丁寧な検証が必要だろう。だが、いずれにしても、ちえさんの行為には、ちえさんの生きてきた生活史とともに、日本のトイレ史をもうかがい知ることができると言えるだろう。

このようなまなざしで利用者一人ひとりの行動を見守ってみると、民俗研究者としても介護職員としても新しい発見と驚きがあって、毎日の仕事が実に楽しい。

自信と失望、そして伝える喜びへ

だが一方で、体に刻み込まれた記憶を掘り起こすことは、利用者に喪失感、失望感を抱かせることにつながることもある。

先日、西陣の組紐《ひも》を髪の飾りにつけていったところ、多くの利用者たちが「きれいだねえ」と声を掛けてくれた。なかでも大正九年生まれの川野喜美江さんは、「これは帯紐にするやつでしょ。私らも昔はよくこういうのを編んだもんだよ」と言って、その組紐を手にとって懐かしそうに眺めていた。組紐などというものは職人がつくるものだとばかり思っていた私は驚いて、「喜美江さんは組紐編めるんですか」と尋ねた。すると喜美江さんは、何言ってるのよ当然じゃないという表情で「編んださ。昔は何でも自分でつくったんだよ」と言って、今度は、大きく開いた左手の五本指に糸を絡ますように右手を動かし始めた。

「西陣の組紐みたいな絹糸はとても買えなかったから、木綿の刺しゅう糸とか毛糸とかを使ってさ、こうやって、こうやって、こうやるでしょ、編んでさ、着物の裾上げに使ったりしたの」

喜美江さんは本当に組紐を編んでいるかのようなしぐさをしながら、少女のような澄んだ微笑を浮かべていた。

そこで私は材料棚から毛糸を探してきて、「この毛糸でよかったら編んでみてくれませんか」とお願いしてみた。できるかしらと呟きながらも、喜美江さんは赤と白の二色の毛糸を選んで、結び目を左手の中指にかけて組紐を編み始めた。ところが五分も経たないうちに、喜美江さんは手を止めてしまった。

「昔はね、こんなのすいすいできて、友達とどれだけ速く長く編めるか競ったのに、今はもうダメ。指が思うように動かないもの。やっぱり私の頭も体ももう使い物にならないね」と肩を落としている。

頭の中では当時の指の動かし方がはっきりと思い浮かぶのに、実際にやってみると以前のようにはいかないことを痛感する。それが歳をとるということなのかもしれない。

私は毛糸を持ち出したことを後悔しつつも、うつむいた喜美江さんの表情をうかがいながら、「私に組紐の編み方を教えてくれませんか」と頼んでみた。すると喜美江さんは顔を上げ、私の左手の指に毛糸をかけてくれた。そして、「最初のこの糸をこっちにやるでしょ、そして次の糸を向こうにやって……」と最初の部分を編みながら一生懸命教えてくれる。しかし生来不器用な私は、自分でやろうとするとなかなか教えてくれた通りにできない。それを見ていた喜美江さんはそれでも根気強く教えてくれたものの、「やっぱり他人に教えるのは難しいね」と言ってまた肩を落としてしまった。

せっかく昔の指の動きを思い出して生き生きとしていたのに失望感で終わってしまってはいけない。私は翌日の休みを一日使って、喜美江さんに教えてもらったことを一つひとつ思い出しながら家で毛糸の組紐づくりに格闘した。そうしてなんとか編みあげた三十センチ足らずの組紐を翌々日の朝に喜美江さんに見せた。

「あんた、まさか本当にやってくるとは思わなかったよ。いいよいいよ、よくできているじゃない。がんばったんだね。いい子だ、いい子だ」

そう言ってにっこりと笑いながら私の頭を優しくなでてくれた。それは孫を慈しむおばあちゃんの表情だった。自分では昔のようにはできないという喪失感は決して消えないかもしれない。しかし、自分の体に刻まれた手技の記憶を次世代に伝えることによって、少しでも今を生きる喜びを感じてくれればいい、と私は願う。

トイレ介助が面白い

身体の深い記憶

このように老人ホームの利用者たちとじっくりとつきあってみると、人間の行動と記憶との深い関わりに驚かされることがたびたびある。特に日常的な介助の場面で、そうした身体の深い記憶に触れる瞬間があると、私の心は躍り出すのである。

たとえば食事介助の場面。認知症の進行により、なかなか自分では食事がとれなくなってしまった利用者がいる。私たちはそうした利用者がスムーズに食事を済ませられるように介助をするのだが、食事介助を必要とする利用者が複数いる場合には、今のように職員が少ない態勢のなかでは、全介助の方の食事をまず済ませる。そのあいだ半介助の方には自分で食べてもらい、後半はお手伝いをする、というかたちをとるほかない。

その際に職員は、食べやすいだろうと思いスプーンを利用者に渡すのだが、スプーンで遊んでしまったり、すぐに指から離してしまったりして、なかなか食事が進まないことが多い。そういうとき私は、箸を持ってもらう。すると意外にも、箸を器用に使ってご飯を口に掻き込むようにして食べたりするのである。おそらくスプーンより箸のほうが、その方の生活史のなかでは長くて深い記憶として体に刻まれているのだろう。

また、認知症の進んだ利用者ほど、ご飯とおかずを一緒に食べないことが多い。まずご飯を全部食べた後に、次におかずの皿に箸を伸ばして平らげていくといった順番だ。けれど、ご飯とおかずと汁物を交互に食べていき全部を一緒に食べ終わるいわゆる「三角食べ」を小学校時代に徹底的に教育されてきた私などからすると、ご飯だけ食べる、おかずだけ食べるという食べ方がとても不自然な光景に見えてしまう。それで思わず、おかずの皿をご飯の近くに置きなおして、「ほら、お魚もおいしそうだから一緒に食べてくださいね」と声を掛けてしまったりするのだ。

しかしよく考えてみたら、「三角食べ」のほうが、ある時期の学校教育のなかで強制された特殊な食べ方なのである。ましてやご飯が何よりものおかずだった時代を生きた利用者たちにとっては、ご飯からまず平らげるというのは自然なのであり、身体の深くにある記憶なのだと言えるだろう。このように、かつての慣れ親しんだ行為についての記憶は、言葉だけではなく利用者の行動に蘇ってきて、私たちを驚かせることがあるのである。

●トイレは小さなワンダーランド

そんな発見が多々あるなかで、ここでは特に排泄介助の場面から、認知症の利用者たちの見せる「不思議な行動」の背景にあるカラダの記憶について見てみたい。

排泄介助というとベッド上でのオムツ交換が真っ先に頭に浮かぶ方が多いかもしれないが、私の施設では、認知症の進んだ利用者でも自立歩行が可能な方、および車椅子を使用していても立位保持が可能な方についてはトイレで排泄してもらうことを基本としている。したがって排泄介助としては、尿意便意の確認やトイレ誘導、排泄の見守り、パッドやパンツ型オムツの交換などが必要となる。

そのような場合の介助については、利用者の尊厳を守るため、トイレへ誘導した後はドアの外で様子をうかがって必要な場合にのみ介助を行うべきだとする考え方もあると思う。たしかに排泄というのは生活のなかで最もプライベートな行為であり、人生のなかでも幼児期を除いては、家族に対してでさえ自分の排泄行為を見せないのが一般的であろう。だから私も最初は、利用者とともにトイレの個室へ入ることに少なからず抵抗があった。利用者のほうも、耳元で「トイレに行きましょう」とささやく私にしぶしぶ従いトイレに入ったものの、すぐにパタンとドアを閉め、カギをかけてしまう方もいる。

しかし、日常的なやりとりのなかで利用者と私との関係が縮まっていくのに伴って、トイレでの関わり方も変わっていく場合がある。

斎藤由紀子さんは当初は職員が一緒にトイレに入ろうとすると杖を振り回して嫌がっていたが、何回かのトイレ誘導時、由紀子さんが便座に座ったのを確認して私がトイレから出て行こうとすると、大きな声で「ちょっと!」と声を掛けてきた。そして間髪をいれずに、「あのね、これなんだけどね、なんだか変なのよ」と言って、付けていたパッドを引き抜き見せた。

由紀子さんは便失禁がたびたびあるので、ご家族の希望でパッドを常に当てている。パッドを使うことについての抵抗は本人にはないが、パッドが少しでも汚れていたり、また綿が薄くなっていたりということについては気になるようだ。そのときに見せてくれたパッドは、その前にトイレに行ったときに本人がいじったせいか、綿の一部が薄くなっていた。汚れていないのでもったいないと思った私はまだ使えることを伝えたが、本人はまるで納得しない。仕方なく新しいパッドを持ってきて渡すと、すぐにそれを当て直して満足げな顔をした。

以来、由紀子さんは、私がトイレに誘導するたびに、パッドについてのさまざまな要求をするようになり、必然的に私は由紀子さんとともにトイレの個室にいる時間が長くなっていった。そのうちに由紀子さんも気を許してくれるようになったのか、自分が頻繁に尿意便意を感じトイレに行かなければいけないことに関して、便座に座ったまま、こんなことを私に語りかけるようになった。

男の人はいいわよね。おしっこ一回行けばいいし、簡単にできるし。女は、おしっこにも行かなければならないし、便もしなければならないでしょ。だから、夜中にも何度もトイレに来なきゃいけないのよ。

女性のほうが男性よりもトイレの頻度が多い、という由紀子さんの認識が何に基づいているのかよくわからないが、トイレのことが今いちばんの切実な問題である由紀子さんにとっての男女観が披露され、私は思わず嬉しくなった。さらに、「あなたも女だから、トイレに結構来るでしょ?」と同意を求めてくる。

「そうでもないですけど」と正直に答えると、由紀子さん、続いて「まだ若いからよ。あなたいくつ? 私の半分もないでしょ。私は大正十五年十月二十日に生まれたの。何歳になったかしら」と語りかけ、トイレの会話は弾んでいく。

こうしたトイレの個室でのユニークなやりとりは、他の利用者とも(多くの場合、女性利用者)楽しめるようになった。たとえば鈴木のり子さんは便失禁が頻繁にあり、当てているパッドを交換するためにトイレまで職員が同行する。便座に座っているときにのり子さんは、ときどきプププーと大きなおならをする。すると、のり子さん、「屁っぴり大将って言われちゃう。あはは」と屈託のない笑顔をみせる。聞くと、子どものころ、のり子さんの育った地域では、子どもが大きなおならをすると、「屁っぴり大将」とあだ名をつけられたそうだ。こんな会話もトイレでだからこそできる。

きわめてプライベートな空間であるトイレではあるが、だからこそ利用者の普段とは違った言葉や不思議な行動に接することができる。それが利用者との関係がさらに深まっていくきっかけになる。介護職員にとって、トイレは小さなワンダーランドなのである。

●トイレとして認識するのは難しい

認知症の利用者をトイレに誘導したときに、しばしば利用者が戸惑いの表情をみせることがある。

佐々木洋子さんは、トイレの個室に入ったとたんに便器の中を覗き込んで、「なんだか怖いようだね」と呟いて、個室を出て行ってしまった。また、橘ちゑさんは、「ちゑさん、こちらにどうぞ」と言って個室の中に誘導すると、便器に向って手を合わせ深々とお辞儀をし後退りして出て行った。この二人の不思議な行動は何だろう。

推測してみると、洋子さんは昭和四年生まれ、ちゑさんは大正十年生まれと、生まれた年代には多少の違いはあるが、二人とも農家の育ちであることからすると、当然トイレは和式であり、しかも水洗ではなく、汲み取り式だったことが想像できる。施設のトイレはすべて洋式便器で水洗である。とすると、二人のカラダには昔の生活記憶が蘇っていて、現在の洋式水洗トイレをトイレとして認識できなかったのではないか、と考えられる。

ちゑさんの手を合わせて拝む様子は、民俗研究者からすると便所神を拝んでいると言いたいところだ。しかし拝んだあと後退りして出て行ってしまって、ここがトイレだと説明しても中に入ることを拒んだことからすると、そう都合のよい説明はできそうもない。やはり、ちゑさんにとっては訳のわからない場所に入りこんでしまったわけで、そこから無事に逃れるために丁寧に拝んで後退りしたのだと考えるほうが適当であるように思われる。

ちなみに、ちゑさんをはじめとして認知症の利用者の何人かは、「トイレに行きましょう」と言っても通じないのだが、「お手洗いに行きましょう」というと、「そうそうお手洗いね」と言って素直に従ってくれることがある。ほかにも「便所」「雪隠」、あるいは「ニホンバシ」などという言い方がある（昔の農家の外便所では、穴の上に二本の板が渡してあるだけだったから、トイレに行くときには「ちょっとニホンバシに行ってくる」と言っていたのだと、ある女性利用者が教えてくれた）。トイレという言葉は彼女たちも知っているだろうが、小さなころから親しんできた言葉ではない。カラダの記憶が昔に戻っている際には、同時に言葉の記憶も昔に遡っていると言えるだろう。

利用者の安全のために施設では洋式トイレに統一しているのだろうが、このようにカラダの記憶が昔に戻ることを考えると、ひとつぐらいは和式トイレがあったほうが、認知症の利用者は安心してスムーズにトイレで排泄ができるようになるのではないかと、私は浅はかにも思ってしまう。

男はやっぱり立たないと……

男性の場合は、洋式トイレというのがさらに厄介な代物になる。

施設には立ちション用の男性トイレもあるのだが、足腰が弱ったり、認知症が進んだりした男性利用者については、洋式便座に腰掛けて用を足してもらうことにしている。その理由は大きくは二つある。ひとつは、転倒予防のため。もうひとつは、排泄の失敗によって床が汚れてしまうことを防ぐためである。しかし、小さいころからおそらくごく最近まで立位で用を足していただろうから、要介護になってから、長年染みついた生活習慣から新しいスタイルに変えようとしてもそれは容易にできることではない。認知症の男性利用者の多くが便座に座ることを拒絶する。

大正十三年生まれの外山守さんのトイレにまつわる次のような話を、自宅で介護している息子さんが先日聞かせてくれた。

自宅での介護は主に息子さんのお嫁さんがしていて、トイレに連れて行くのもお嫁さんなのだが、守さんはなかなか洋式便座に腰掛けようとせず、お嫁さんの手を振り切ってトイレから出てきてしまうことがたびたびある。そういうときには息子さんがトイレに連れて行き、力ずくで無理やり便座に座らせるそうだ。

息子さんはそれが大変だと言いながらも、こんなことを付け加えた。守さんはずっと農業で生計を立ててきた。毎日忙しく働いていたから、用を足したいときもわざわざトイレに行くことはせず、畑で立ちションベンをしていた。今でもよく庭に出たがるし、トイレで座らないのはそのせいじゃないかというのだ。昔からお父さんの働きぶりを見てきた息子さんには、お父さんの現在の行動の背景が見て取れているようだった。ただ、そうわかったからといって、今の困った状況をどうすることもできない。それが介護家族の現実なのだと思う。

ところで、先ほどの「屁っぴり大将」の鈴木のり子さんは、しばしば職員に、男性の立ちション用のトイレの縁にお尻をつっこんでいるところを目撃されている。残念ながら私は一度もそれに遭遇したことがないので詳しいことはわからないのだが、立ちション用トイレを後ろにして腰をかがめ、お尻を突き出して用を足していたらしい。おそらく女性トイレが空いていないときにのり子さんは男性トイレの方へ足を延ばし、入り口付近にある立ちション用の便器を見つけたのだろう。職員から聞いた様子は、昔の農家の女性が畑でしていたという立ちションの姿を彷彿とさせる。ある日、私はトイレの中でのり子さんに率直に聞いてみた。

「のり子さんは、むかし、立っておしっこしていましたか」と。

するとのり子さんはあっさりと「そりゃしてたさー、百姓だもの。みんなしてたよ」と認めたのであった（ただし男性の立ちション用トイレで用を足していたことは覚えていない）。大正一桁生まれで、農家に生まれ育った女性たちは、今ではすっかりすたれてしまった立ちションの経験者なのである。利用者たちのトイレの行動を注意深く観察していると、そんな貴重なカラダの記憶に触れることができる。そんなとき、私は秘かに幸せを感じるのである。

さて、外山守さんに戻って、息子さんからさらに興味深い話を聞いたのでそれもここに記しておきたい。守さんが便秘気味なので、排便を促そうとトイレ改修をして洗浄便座にしたそうなのだ。守さんを便座に座らせて落ち着くように息子さんがその前に膝をついて座った。ところが、お尻洗浄のためシャワーが出てくると、守さんはびっくりして飛びのいてしまったというのだ。勢いよく飛び出してきたシャワーは息子さんの顔を直撃した。とんだハプニングである。

息子さんは、「せっかく気持ちがいいだろうと思って、わざわざ親父のために洗浄便座にしたのに……」と肩を落としていた。

お父さん思いの息子さんの奮闘と、それが虚しく終わったことによる落胆ぶりはよくわかる。だが洗浄トイレのような私たちにとっては画期的な便利グッズも、認知症の方にとっては理解のできない不可思議な物としてしかとらえられないということがよくわかる例だと言えるだろう。

アタマもカラダも昔の記憶を生きている認知症の利用者にとっては、水洗化し、洋式化し、そして便利にもお尻洗浄までできる多機能型トイレのある空間は、不思議、不可解なことだらけの世界、これこそまさにワンダーランドだと言ってもいいのかもしれない。

● 自動水洗という不可思議な現象

洋式、水洗、お尻洗浄といった最近のトイレ事情に対する利用者の困惑ぶりについて述べてきたが、私の勤務している施設のトイレは、それに加えて、自動水洗という「便利な」機能がついている。自動水洗は、決まった時間に自動的にトイレの水が流れ、便器が洗浄される機能である。入社当初この機能にまだ慣れていなかった私は、一日の仕事の終わりにデイルームで翌日の準備をしていると、突然トイレのある方向からジャーッという水の流れる大きな音がして何度も驚いた覚えがある。

さて、この自動水洗、認知症の利用者にはなかなか理解しがたい機能であるようだ。トイレの中でご自身の男女観を披露してくれた斎藤由紀子さんは、ショートステイの利用時の朝に、こんなことを私に訴えてきた。

ねえねえ、あなた、聞いてよ。きのうの夜ね、おしっこに行きたくて起きたの。それでトイレに行ったんだけどね、でもね、私、おしっこするまでに時間がかかるでしょ。だって、おしっこだけじゃなくて、便も出るんだから。そうしたら、誰だかわからないけれど、急に誰かが入ってきて、ジャーッと流してしまったの。私おったまげたのよ。あれって、私があんまり何度もおしっこに行くから、もう帰れ！　って怒ったんじゃないかと思うの。私、帰ったほうがいいのかしら。

由紀子さんはかなり興奮して甲高い声を出していた。まさか、夜勤の職員が帰れなんてことを言うわけはないいし、いったい何があったんだろうと、最初は私は由紀子さんの訴えていることを理解できなかった。だが、次に一緒にトイレについて行ったところ、事の真相が明確になった。尿意を訴えた由紀子さんの手をとって一緒にトイレに入ると、由紀子さんはおもむろに下着をおろし、便座に腰掛けた。しばらく時間が流れた後、急に私に向って叫んだ。

「ほら、ジャーッて。やっぱり帰れってことなんだね」

由紀子さんは明らかに私に腹を立てていた。私は驚いて、「どうしました。何のことですか」と聞き返すと、由紀子さんは興奮したまま、「ジャーッて流したでしょ」と問いつめる。

私は気がつかなかったのだが、どうやら自動洗浄機能が作動したようなのだ。それを由紀子さんは、嫌がらせのために私が水を勝手に流したと理解したのだった。そこで私は由紀子さんに、自動で水が流れるトイレであること、そして、それについては何も気にしなくてもいいことを伝えた。すると由紀子さんは、「それは便利ね」といったんは自動洗浄機能そのものについての評価を示してくれたものの、再び水がジャーッと流れると、「ほらまた。あなたも聞いたでしょ。何なのかしら」と怒り始めた。

私は「犯人」であることからなんとか免れたようだが、自動洗浄に対する由紀子さんの理解と怒りは変わらなかった。

●未知の現象は経験知から理解する

自動洗浄に対する由紀子さんの不信感は、ショートステイの次の利用日には、さらに増していた。由紀子さんは今度はこう訴えてきた。

さっきね、おしっこがしたくてたまらなくなって、トイレに行ったの。おしっこがしたくて、おしっこがしたくて、本当にたまらなかったんだけど、トイレに行ってね、それでこれ（パンツ型オムツ）をおろそうとしたら、急にジャーッて出たの。それでびっくりしてすぐにおろしてみたんだけど、何も濡れていないし汚れていないのよ。どういうわけだか、さっぱりわからないの。もうおしっこ出なくなっちゃうし。

初めは何を言っているのかさっぱりわからなかったが、「ジャーッ」という表現に、もしや自動水洗のことではないかとピンときた。

私は、「不思議ですね。それじゃ、私にちょっと見せてくれませんか。一緒にトイレに行きましょう」とトイレに誘導してみた。由紀子さんがトイレに入り、「さてと」と下着をおろそうとしたとき、またもや自動水洗が流れた。由紀子さん、すぐに下着をおろしパッドを確認する。そしてすばやく私の方へ顔を向けたかと思うと、「ほらね、ジャーッてたくさん出たのに、濡れてないのよ。おかしいでしょ」と叫び、困惑した表情で首を傾げている。

なるほど、今度は由紀子さんは、自動水洗のジャーッという音を自分が排尿した音として理解したわけだ。切羽詰まってトイレに駆け込んだ。そして、大きな音がしておしっこが出た。なのに下着を見ても全然汚れていない。それは由紀子さんにとってどれだけ不思議な現象であっただろうか。

トイレからリビングに戻ると、由紀子さんはまだ納得がいかないといった顔をして私に聞いてきた。

「あなたもこういうことあるの？」

「私はないですね」と答えた私の顔を由紀子さんは不思議そうに眺めていた。そして今度は、他の女性利用者たちに、大きな声で尋ね始めた。

「ねえ、あなたは、生理がある？」と。

生理？ 唐突な質問に、利用者たちはぽかんと口を開けていた。私も、この予想外の言葉と今までの発言との間がすぐにはなかなか結びつかなかった。

しばらく様子をうかがっていると、他の利用者たちが、「あるわけないじゃない、こんなおばあちゃんが。あんた、生理っていうのは子どもができる人がなるんだよ」とちょっと馬鹿にしたように由紀子さんに言った。それを聞いた由紀子さんは、さらに目をまん丸にして、「じゃあ、私、子どもができるのかしら。もう八十歳なのに」と呟いた。リビングに大きな笑い声が響いた。

というわけで由紀子さんは、自動洗浄をめぐる不思議な現象を、さらに生理によるものではないかと理解したのであった。由紀子さんにとって、自動洗浄トイレはどんなに不可解なものだったろう。それに対して、これまでの経験知を総動員してなんとか理解可能なものにしようとしていたかと思うと、その涙ぐましい努力に感動さえ覚える。

その方の歩んできた人生に基づいたカラダの記憶と、現在のトイレ設備とのあいだにある大きなギャップに、利用者自身が困惑し、そしてなんとか理解しようと奮闘している。だからといってなかなか施設の既存の設備を換えることは難しいが、それでも利用者たちのそんな思いを受け止めておくだけで、「不思議」と思われる言動への理解も深まるのではないかと思う。トイレ介助には、利用者を深く知るためのカラダの記憶のかけらが散りばめられている。

第二章 民俗学が認知症と出会う

とことんつきあい、とことん記録する

ハルさんの言葉を理解したい

香川ハルさん、大正十年生まれ。アルツハイマー型認知症が進行しつつある。デイサービスの利用者であるハルさんは、私が施設に就職したときからすでに日常会話が成り立たず、日に何度も家に帰ろうと徘徊を繰り返すことがあり、不穏な利用者として職員の手を煩わせていた。他の利用者から、「あの人また立って外へ歩いていったよ」と教えられて初めてハルさんが席にいないことに気づき、施設内を必死で探しまわってなんとか連れ戻すということもあった。

私の頭にも不穏な利用者というイメージだけで印象づけられていて、ハルさんのことをそれ以上に理解しようとはしなかったし、理解できる対象とは考えていなかった。

そんなハルさんに私が本格的に関わり始めたのは、施設の仕事として利用者への聞き書きを始めてから半年が経ったころであった。そのころには言語障害がなく、認知症も軽度の利用者にはずいぶんと聞き書きを重ねており、それなりの成果も出てきていた。私はそのころ、重度の認知症で言語的コミュニケーションがなかなか成り立たない利用者に対して、「介護民俗学」の立場から何ができて何ができないのかを考える時期にそろそろさしかかっているのではないかと感じていた。そこで、それまでほとんど関わったことのない香川ハルさんに白羽の矢を立てたのである。それはある意味で研究者としてのいやらしくて不純な動機だったと言えるのかもしれない。

だが、ハルさんと言語を通じてコミュニケーションをとるのは、思っていたほど簡単ではなかった。ハルさんは多弁なのだが、一方的にしゃべるだけで言葉のキャッチボールはできないし、話している内容に脈絡がない。だからなかなかハルさんの言わんとしているところを理解するのは難しい。そこで、ひとまずハルさんの語る言葉で聞き取れるものはできるだけそのまま記録してみることにした。すると、たとえばこんなことを言っていることがわかってきた。

何を言われてもへっちゃら。
三島に来たときにお墓参りだけしてくれればいい。

お金があったってなくたって気持ちがあればいい。
かたっぽの方を上げればかたっぽの方が下がる。
親を忘れない、ただそれだけでやさしいもんだよ。

耳をすまして聞いてみると、たしかに脈絡はないものの、内容はかなり人生訓的なものが多いことに気がついた。もちろん、聞き取れた言葉がたまたまそういう内容だっただけなのかもしれないが、それでもハルさんが私に対して一生懸命に何かを伝えようとしている、その気持ちだけは十分に伝わってきた。ハルさんの言葉を理解したい、その気持ちが強くなっていった。

ハルさんの発する言葉の記録を重ねていくうちに、手掛かりになりそうなことがひとつ気になり始めた。ハルさんの私の言葉に対する反応はまったくトンチンカンなものではなく、なんとなく惜しいところをかすっているように思えてきたのだ。というのも、たとえば私が、「ハルさん、お手玉体操の時間ですよ」と声を掛けると、ハルさんからは「大方そうなんて言わないでよ」などという反応が返ってくる。声掛けの内容は理解していないのだが、ハルさんが発する言葉は、お手玉の「お」、体操の「た」といった、私の言葉の一部の音が常に重なっているように思えたのである。

もしかしたら、私の発音や声掛けの仕方がよくなくて、ハルさんの耳には一部のみが聞こえているのかもしれない、それならもっとゆっくりはっきりと耳元で語りかければハルさんと会話ができるかもしれない、そんな直観のようなものを感じていた。

●右耳から語りかける

そんなとき偶然にも、ご家族の都合でハルさんが十日間施設内のショートステイを利用することになった。ショートステイはユニット型の少人数制で、デイサービスのように一日のプログラムがきっちりと決まっているわけではないので、利用者たちは思い思いにのんびりと過ごされる。ショートステイでの聞き書きも始めていた私は、ハルさんとじっくりと関わってみるよい機会を得ることができた。

初めてのショートステイ利用の夜を過ごした朝、ハルさんはかなり不安そうでこわばった表情をしていた。いつもの知った顔である私の姿を見つけると、横に座れと手招きをする。横に座った私は、ハルさんの耳元に口を近づけて語りかけた。

六車　ハルさん、おはようございます。
ハルさん　ああ、おはようございます。
六車　ハルさん、コーヒーを入れたそうですよ。召し上がってください。
ハルさん　ああそう、あなたのはないの？　これを飲みなさい。
六車　私はあとで飲みますから、ハルさん、どうぞお先に召し上がってください。

ハルさん　そう、ありがとう。じゃあ、いただきます。

ハルさんは少しほっとした表情をしてコーヒーカップに口をつけた。こんな会話は日常会話として当然できそうだが、これまでハルさんとはこんな言葉のやりとりさえできなかったので、私は自分の耳を疑うほど驚いた。

そこで、コーヒーを飲み終わるのを見計らって、ハルさんの個室へと移動して静かな環境で話をしてみることにした。ハルさんはベッドの上に座ったので、私もその左隣に腰掛けさせてもらった。そして、また同じように耳元で話しかけてみた。ところが今度はまったく通じない。それどころか、ハルさんは個室の洋服ダンスの上に置かれていた自分のカバンを見つけ、「あれ、あそこにあるあれ、誰のかしら」と言ってうろうろし始めた。「ハルさんのですよ」と言っても通じない。「私と同じのだわ。おかしいわね。私は決して盗んだわけではないのに」

ハルさんの気持ちが動揺していくのがわかった。どうやら、慣れないがらんどうの寝室にいることで気持ちが落ち着かないようだった。それよりも他の利用者たちの姿が見えるユニットのリビングのほうが安心できる場所であるように思われた。私はハルさんの手をとって先ほどのリビングに戻ってみた。

ハルさんが落ち着いた様子をうかがって、再び耳元で話しかけてみた。ところがまたまた通じない。やはり先ほどの会話の成立は偶然だったのかもしれないと諦めつつ、コーヒーを飲んでいたときと同じハルさんの右隣に私も座った。時計を見るともう十一時半だった。私は独り言のようにハルさんの耳元で「もうすぐお昼ですね」と囁いた。すると今度は「そうね、もうお昼ね、早いわね」と返事が返ってきた。

あれ？　もしかして……。

試しに反対側の椅子に座って左耳から同じことを話してみた。ハルさんは少し首をかしげるだけで、言葉は返ってこなかった。そこでまた右耳から「今日のごはんは煮魚ですって」と言うと、「そう私はお魚好きよ」と言った。右耳、左耳にそれぞれ話しかけることを何度か繰り返して、私は確信した。ハルさんは難聴で、右耳のほうが聞こえやすいのだ、と。

もちろん認知症は進んではいるだろうが、右耳で言葉を聞き取ることができればその言葉の意味を理解し、それに対する返事をすることができる。これは大きな発見だった。会話も成り立たない人というのはこちらの思い込みだったのである。ハルさんは難聴であってもなんとかこちらの言葉に反応しようと、一生懸命耳を傾けており、こちらの言葉のいくつかの音だけを拾って言葉を想像し反応していたのだった。

● 帰りたい理由

以来、ハルさんの発する言葉も半分くらいは理解できるようになり、言葉のキャッチボールもできるようになっていった。ハルさんとの会話が成立することで、昔の記憶も少しずつ引き出すことができるようになった。

ハルさんが三島大社の近くで育ち、旧姓が池田であったこと。大社の祭がとても賑やかで楽しかったこと。ご主人が永倉精麦という工場で働いていたので、工場近くの社宅に一家で住んでいて、ご近所とのつきあいも盛んであったことなど、断片的ではあるがハルさんがたどってきた人生が浮かびあがってきた。ちなみに後ほど、ハルさんを在宅で介護している息子さんに確認したところ、ハルさんの語ってくれた記憶はほぼ正確であった。

また必然的にハルさんと過ごす時間が増えたために、ハルさんの言動の背景が少しずつ見えてきた。ショートステイ利用時もその後のデイサービス利用時にも、相変わらずハルさんは夕方が近づいてくると家に帰ると言って徘徊を始めて職員を困らせる。認知症高齢者の夕方の徘徊は、いわゆる「たそがれ症候群」というよくある周辺症状であるが、ハルさんに寄り添って歩き、その様子を見守り、できるだけ詳細に記録を重ねていくと、帰宅願望にはハルさんなりの理由があるように思えてきた。

ショートステイ利用時のことである。夕食の配膳時間の三十分前ぐらいから、個室で過ごしていた他の利用者たちもリビングに集まってくる。だが、利用者には配膳を待つ時間は結構長く感じられるようだ。居眠りを始めたり、まだかまだかと文句を言い始めたり。そこでショートステイの職員が気をきかせて童謡を歌い始めた。利用者たちも次々と職員に声を合わせていった。すると、急にハルさんが椅子から腰を上げリビングから出て行こうとした。「ハルさん、みなさんと歌を歌いましょう。もう少ししたら夕ご飯がきますから」と声を掛けた私の手を勢いよく振り払い、ハルさんはこう懇願した。

歌なんて歌っている場合じゃないよ。私は家に帰ってご飯の支度をしなきゃいけないのよ。私が帰らなきゃ子どもたちがみんな困るじゃないの。だから私を家に帰してちょうだい。

ハルさんの顔はおなかをすかせた子どもたちのことを心配する母親の真剣な顔だった。また、デイサービス利用時にはこんなことがあった。デイルームを出ていくハルさんの後を追いかけて手をつないで施設内を歩いていると、「ああ疲れた」と言ってハルさんが玄関前のソファに座りこんだ。そして興奮しながらこう言ったのである。

お母さんが病気で家に一人でいるの。だから帰らなきゃならないの。お兄さんが二人いて、お姉さんが一人いるけれど、みんな忙しいから私が帰って面倒みなきゃ。

こうした言葉に耳を傾けてみると、ハルさんが帰りたいと言って徘徊する背景には、家族のために一生懸命働いてきたハルさんの生き方が垣間見られるように思われる。単に「たそがれ症候群」

という一言で切り捨ててしまってはわからない、ハルさんの生き方である。

●いつも誰かを気遣っている

ハルさんとの関わりが深くなると、新しい側面が次々と見えてくるようになった。

ハルさんは、ときどきユーモアあふれる言葉を発したり行動をしてくれる。たとえばテレビで大河ドラマ「龍馬伝」を見ていたときに、女優の広末涼子の姿を見て「きれいな人だねぇ」と感心した後に、「ほんと私みたい」と言って大笑いしたりする。また、ショートステイ中のハルさんに会いに行ったとき、「あなたどなた？」と首を傾げたので、私は寂しい気持ちで「ハルさん、私ですよ」と言うと、ハルさんは「なんちゃって」とちょっと舌を出しておどけて見せたりした。ハルさんはきっとひょうきん者で有名だったに違いない。

また、ハルさんがいつも周囲に気を配っている様子も見えてきた。病気がちの利用者が体のことを不安がっているのに対して、「気にしなさんな、大丈夫よ」と声を掛けて励ましたり、キッチンで食器を洗っている職員をじっと見つめていたかと思うと、「働きもんだよね、うらやましいくらいだよ」と声を掛けたりしているのだ。入浴拒否をしたときにも、よく見ていると、他の利用者の着脱を手伝ったりタオルを整えたりしている。ハルさんにとっては、自分がみんなの世話をしているときにお風呂なんて入っていられますか、邪魔をしないで！　といった気持ちなのかもしれない。

それから、どうやらハルさんは私のことを娘や嫁のように思ってくれているのか、はたまた頼りない職員だと思っているのか、いずれにしても心配してくれているようなのだ。

徘徊が始まったので、ハルさんの手を握って歩こうとすると、ハルさんのほうがどんどんと先に行き、私を引っ張って行く。そして、デイルームの中をのぞいて職員を見つけると、私に向かって、「あんた、私はここで待っているから行ってきな」と言う。私がぐずぐずしていると、まったくしょうがないわねという表情で、私の手を引いていき、デイの主任をつかまえて、「先生、私らは百姓の出だけど、この子はがんばっているから、どうぞよろしくお願いします」なんて言って深々とお辞儀をしたりするのである。

介護していると思っていたら、私のほうがハルさんに面倒をみられる立場になっていた。というよりも、最初のころに記録した人生訓的な言葉からすると、そのころからすでにハルさんは私にしっかりしなさいと説教をしていたのかもしれない。

ともかくも、ハルさんは常にまわりの様子をよく見ていて、みんなが楽しく、気持ちよく過ごせるようにと、声を掛けたり、おどけてみたりして気遣っている。私たちは、ハルさんのそうした気持ちを理解しないまま、「不穏」というレッテルを貼って見ていたのである。

レッテルを剝がして見えてきたハルさんは、家族思いで、心配性で、そしてユーモアあふれる魅力的なおばあちゃんだった。私はダメな子だねと心配されながら、ハルさんと手をつないで歩き、そしてそのたびに新しい発見に出会って心躍らせたのであった。

●参与観察と分厚い記述

さて、「介護民俗学」が重度の認知症の方に対して何ができるのか、という問いのうえでハルさんと関わり始めたわけだが、ハルさんとの関わりを通して逆に、私のなかに培われてきた「民俗学」という学問の特徴が浮かび上がってきたように思う。

民俗学や文化人類学の主たる調査方法はフィールドワークである。フィールドワークの醍醐味は、調べようとする対象である社会のなかに入り込み、出来事が起きるその現場に身を置き、自分の目で見、耳で聞き、手で触れ、肌で感じ、舌で味わった生の体験をもとに調査を進めるところにある。それを「参与観察」とも言う。

だが、「参与（参加）」と「観察」とが両立することは可能なのか？　という疑問も生じる。この参与観察のパラドックスに対して、若いフィールドワーカーたちのバイブルとなっている『フィールドワーク――書を持って街へ出よう』（佐藤郁哉著）ではこう説明されている。

> フィールドワーカーは、一方では当事者たちと生活をともにしてそのような日常的な細々としたルールを学習しながら、同時にそれらを異人の目で観察し記録していくことができる。

すなわち参与観察を行う調査者は、対象社会での生活と体験を通じて、その社会のメンバーとできるだけ同じような生活能力や知識を身に付けていくとともに、同時にそれを言葉や文字を使って表現し説明できるようになることを目指す、というのである。そのために調査者は、対象社会の人々との信頼関係（ラポール）を築くことと（参与）、「体験すること」「見ること」「聞くこと」というフィールドワークの三種類の活動すべてを駆使して対象を観察することとを並行して行っていくのである。

さらに参与観察において最終的に重要となるのは、いかに「分厚い」記述ができるか、ということだ。「分厚い記述」という表現は、アメリカの人類学者であるクリフォード・ギアーツによるものだが、それは、見たままの姿をただ記録する「薄っぺらな記録」ではなく、人々の発言や行動に含まれる意味を解釈して読み取り、その解釈を書きとめていく作業のことを言う（前掲書より）。ただし、解釈をするには、人々の日常生活の文脈を熟知していなければならない。つまり、参与観察により対象の社会に入り込み、観察し、その生活の文脈をできるだけ深いところまで理解することと、分厚い記述をすることとは表裏一体の関係にあるのである。

私のフィールドワークは、文化人類学におけるそれのように長期間同じ社会に入り込み、生活を共にして調査を進めるというものではなかったが、それでも何度も同じムラに通いつめることによって調査対象の人々との信頼関係を結びながら、生活を体験し、見て、聞くことで生活全体を観察していくものだった。そこでは、対象者への共感や、ときには感情移入をしながらも、一方で常に異人としての冷静なまなざしをもって対象者を観察していく、そういう態度でいることを意識してきた。そして毎回の調査のフィールドノートでは、見たもの聞いたものを文脈のなかで解釈して分厚い記述をしてきたつもりである。そうした参与観察と記述の技術は、事前の訓練というよりは、さまざまな土地での調査を重ね（ときに失敗しながら）、研究を進めていくことによって自然と培われ、身に付いていったものであるように思う。

認知症の利用者であるハルさんとの関わり、すなわちハルさんの行動にとことんつきあい、とことん観察し、そしてとことん記録していくという関わり方は、おそらくそうして私の身に付いてきた参与観察の方法によるところが大きいのだろう。それは介護現場での利用者、特に認知症の利用者への理解に応用できる、そう言えそうだ。

散りばめられた言葉を紡ぐ

言葉を聞き、書くという民俗学の手法

前節では、民俗学や文化人類学における参与観察の方法と認知症の利用者への関わり方とを結びつけて論じたが、ここでは、あらためて民俗学を特徴づける「聞き書き」の有効性について述べてみたい。

参与観察が対象社会への長期の参加が重視されるのに対して、聞き書きは、対話のなかから調査対象者の言葉を聞き、書きとめることで民俗事象をとらえようとする。つまり聞き書きでは、言葉

が重視される。もちろん、聞き書きにおいても語られた言葉だけではなく、話者の身振り手振りや表情、あるいは同席者の反応や場の雰囲気など、非言語的コミュニケーションも大切な情報とされる。しかし、それは語られた言葉を理解するための文脈としての情報であり、聞き書きでは語られた言葉をいかに正確に記述し、そして文脈に沿って解釈するか、ということが最も重要となる。

実は私は、介護の世界に関わるようになってからずっとひとつの疑問を抱き続けてきた。それは、介護や福祉の世界でのコミュニケーション論では、語られる言葉による言語的コミュニケーションに比べて、態度や表情、身振りといった言葉以外を情報としてやりとりをする非言語的コミュニケーションが過剰に重視されがちではないか、という疑問である。たとえば、私が勉強してきた社会福祉士養成のテキストでは、相談援助のためのコミュニケーションとして、次のように記されている。

相談援助においては、「言葉」に着目して話を聞きがちになるが、非言語で表されたものでも、言語同様、あるいはそれ以上に多くのことを物語っている場合が多く、言語以外の表現方法や感情などを大事にする必要がある。（中略）コミュニケーションをとるということは、言葉だけでなく、人間の五感（視覚、聴覚、触覚、嗅覚、味覚）をすべて使って相手を理解することである。ソーシャルワーカーは利用者の言葉の裏に隠されたさまざまな思いを非言語から発せられる表現に注意しながらみていく必要がある。利用者の訴えや言葉とともに発せられるさまざまな信号、非言語的コミュニケーションに注意しながら、語られた言葉のなかに隠された利用者の気持ち、思い、心の動きなどを積極的に「傾聴」し、「共感」し、「受容」することが重要である。（全国社会福祉協議会『社会福祉援助技術論Ⅱ』）

もちろん、相手を理解するためには非言語的コミュニケーションも必要不可欠であるということはその通りなのだが、ではここで「『言葉』に着目して話を聞きがち」と記されているように、言葉を聞くという技法は介護や福祉の世界で本当に定着しているのだろうか。たしかに介護や福祉で「話を聞くこと」は「傾聴」と表現され、ケアや援助の場面の基本とされている。しかし、その「傾聴」で強調されているのは語られる言葉の内容の受け取り方ではなく、むしろ聞き手側の姿勢や態度ではないか。

たとえば、『社会福祉士相談援助演習』（白澤政和他編）では、「傾聴とは、単にクライエントの話を聴くだけではなく、聴いているということを非言語的に伝えるということも含んでいる」と定義づけられ、そして、そうした態度を示す応答技法として、相手の言葉をそのまま繰り返して反射する＝単純な反射（おうむ返し）、相手の言葉をワーカーの言葉で言い換えて反射する＝言い換え、相手が語ったことを要約して反射する＝要約、相手の語ったことを明確にして示す＝明確化といった方法が有効であるとされている。つまり「傾聴」とは、そういった応答技法によって相手を安心させたり、勇気づけたりすることで、語られる言葉が示す内容そのものよりも、「言葉のなかに隠された利用者の気持ち、思い、心の動き」を「察する」ことを目的としていると言えるだろう。

しかし、「利用者の気持ち、思い、心の動き」はそう簡単に察することができるのだろうか。そもそも、利用者はそうした「隠された気持ち」を深読みしてほしいのだろうか、などと偏屈な私は思ってしまう。私が民俗学の調査で行ってきた聞き書きでは、調査者の倫理として調査対象者に不快な思いをさせてはならないという配慮はもちろんするが、語られた言葉を聞き、書きとめることで、「何が語られたのか」を理解することが基本となる。実は、この語られた言葉を聞き、書きとめるというのは意外に技術を要するものである。というのも、話のプロではない限り、語りは論理的には進んでいかない。話の内容が突然変わることもしばしばあるし、書きとめているあいだに急展開することもある。

私の尊敬する民俗学のフィールドワーカーである野本寛一は、全国を歩き、見て、聞いてまわった自身のフィールドワークを振り返り、聞き書きの様子をこう述べている。


教えを受けるに際して、当面教えを請いたい主題に対するさまざまな小主題をB中横罫六ミリ×二六行の小型ノートに書きだしておき、それを見ながら質問し、普通版の大学ノートに答えを書き留めていく。しかし、予定した質問が計画どおりに進むことはまずない。それは、話者の答えが、話者自身の関心によっておのずからひとつの流れをつくりつつ展開されるからである。私は、話者の語りの流れをさえぎることは極力避けている。こちらの計画的な質問に対する答え以外の部分で、こちらが気づかなかった重要な問題が語られることが非常に多いからである。学ぶ者の視界になかった、示唆に富む話者の体験や伝承を聞き逃さないことが民俗調査の重要なポイントなのかもしれない。（『講座日本の民俗学11 民俗学案内』）

民俗学では調査対象者を「話者」と呼ぶことがある。それはまさに民俗学が、相手の言葉を聞き、書きとめるという聞き書きを重視してきたことを示していると言える。言葉の裏にある見えない「気持ち」を「察する」のではなく、相手の言葉そのものを聞き逃さずに、書きとめることに徹する。それによって相手の生活や文化を理解するという民俗学における聞き書きの手法が、介護の現場においても、あるいは認知症の利用者への関わりにおいても有効ではないだろうか。そう確信したエピソードを次に紹介したい。

●認知症による「問題行動」

昭和三年生まれの鈴木正さんは重度の認知症で、場所や時間についての見当識障害があるばかりではなく、日常的な会話もほとんど成り立たず、デイサービスに来ても徘徊の絶えない利用者であった。昼食やおやつのとき以外は五分と座席にとどまっていることはなく、デイルームの中を歩き回ったり、気がつくとデイルームから出て施設内をうろうろとしていることもたびたびだった。

もちろんデイサービスには他にも徘徊や帰宅願望の強い利用者はいる。だからそうした利用者への対応は慣れている。だが、職員にとって正さんの徘徊への対応が厄介だったのは、正さんが人のいるところへ近づいて行って話しかけるからだった。

朝のバイタルチェック時間、昼食の配膳中、四十五人分の連絡帳を必死になって書いているとき、帰りの前の排泄介助の時間、とにかく正さんは職員が忙しくしていることなどまったくお構いなしに、私たちをつかまえては「あのね、それでね」と話しかけてくる。そして話の内容は脈絡がなく理解が困難であり、しかもいったん話し始めると延々と話し続ける勢いである。それでなくとも時間に追われてぎりぎりで仕事をこなしているデイサービスの職員にとっては、こうした正さんの存在はわずらわしいものであったというのが正直なところだろう。

また、さらに厄介なのは、全員で行う転倒予防体操やレクリエーションのときに、正さんが利用者の間をうろうろとしたり、利用者に話しかけたり、ちょっかいを出したりということがほぼ毎回であったことである。

正さんが重度の認知症であり、そのための言動であることを説明しても、利用者たちはなかなか理解してくれない。何人かの男性利用者からは、「あいつは何なんだ」「どうしてあいつを放っておくんだ」と職員に対して苦情を言ったり、ときには正さんに対して「あっちへ行け」「うるさい」と大きな声で怒鳴りつけたりということもあった。

だから、職員にとっても、他の利用者にとっても、正さんの言っていることは訳がわからないし、その行動はみんなを混乱させる問題行動であるという認識でしかなかったのである。

●初めて成立した会話

私自身もそんな正さんとどうつきあっていこうかと考えあぐねていたある日の昼休みのことである。

特に役割のなかった私は、いつものようにとりとめもなく話しかけてくる正さんを連れて、話し相手もおらずぽつりと一人で座っていた木村弥栄子さんの隣に座った。そして弥栄子さんに正さんを紹介して、「一緒にお話をしませんか」とおずおずとうかがってみると、弥栄子さんは意外にもにこにことしながら「いいですよ」と答えてくれた。

そうだ、弥栄子さんは中度の認知症で、人の識別についての見当識障害が強いのである。だから弥栄子さんには、正さんが「問題のある」利用者だという意識はまったくないのだ。

一緒に話をしようと誘ってみたものの、さてこの二人に共通している話題は何だろうと私が考えていると、弥栄子さんのほうから正さんに「おたくはどちらに住んでいるの」と尋ねてきた。しばらく待ってみたものの正さんはうまく答えられないので、代わりに私が、「長泉町です。そうですよね、正さん」と答えると、正さんはこくりと肯いた。その様子を見た弥栄子さん、「そうですか……」と一言で口をつぐんだ。

あらやっぱり会話を成立させるのは無理かなと多少諦めながらも、私は「弥栄子さんは沼津市の駅北にお住まいなんですよね」と、今度は弥栄子さんに声を掛けてみると堰を切ったように話し始めた。

そうなのよ。私は沼津の駅北に住んでいるの。大正十二年生まれなんだけど、嫁に来たころには駅北は今のようにきれいじゃなかったしお店もなかったの。それに家のまわりには朝鮮人長屋がたくさんあってね、なんだか怖くて本当は私はあそこに住みたくなかったのよ。

いつもおとなしい弥栄子さんが急にしゃべりだしたことに驚きながらも、一方で沼津駅北に「朝鮮人長屋」があったという言葉に興味津々の私は、そのことをもう少し詳しく尋ねようとした。そのときである。それまで黙っていた正さんが、急に口を開いた。「僕もね、沼津の生まれなんだよ」と。

正さんが、弥栄子さんと私との会話を聞いていて反応してくれた。びっくりしながら、「えっ、正さんは沼津市の生まれなんですか。沼津市のどこですか」と尋ねてみると、正さんは「沼津市のね、下河原です」としっかりとした口調で答えた。下河原とは沼津市を流れる狩野川の河口付近の地名である。正確に地名を言えた正さんに私は再び驚いた。

するといま今度は正さんは、私が手にしていたメモ帳とボールペンを貸してくれという。そして、

「下河原」という文字を丁寧に書いて、その下から一本の直線を描き、さらにその先に「沼津駅」と書いて、「沼津駅からね、ずっとね鉄道が走っていたんだよ」と言った。

現在は電車は走ってない。

「沼津駅から下河原まで鉄道が敷かれていたんですか」

にわかには信じられなかった私は正さんにそう尋ねた。正さんはすかさず、「だから下河原じゃなくて沼津港までだよ」と答えた。

私はその言葉に疑心暗鬼で、弥栄子さんに、「知っています？　沼津駅から沼津港まで鉄道があったんですって」と尋ねてみる。弥栄子さん、う〜んと考えた末に、「沼津市も広いからね」と答えた。どうやら知らないようだった。

その様子をうかがっていた正さんが、「えっとなんだっけかな？」と脳の奥を探っている。そして、「ああ、たしか、じゃ、じゃ、じゃまつせんだ」と急に記憶が蘇ったかのように答えた。

「じゃまつせん？　それどう書くんですか？」

そう尋ねると、正さん、今度は「蛇に松だよ」と即答した。

かなりはっきりと記憶が蘇ってきたらしい。私は、「蛇松線」という言葉を初めて聞いたので、まだピンとこなかった。すると正さんの話を熱心に聞いていた弥栄子さんが、「蛇松線だったら聞いたことがあるわ」と反応したのである。正さんはにこっとして先ほどのメモを私たちに見せながら、こう説明してくれた。

あのね、蛇松線はね、沼津駅がここにあるでしょ。ずーっと狩野川の河口の方まで通っていたの。でも、途中から沼津港の場所が変わったから、今度はこっちのほうに線路が敷かれたの。

そして、先ほどの直線の先の途中から湾曲した枝線をすーっと描いた。私は初めて見る正さんの様子に、「えーそうなんですか」と素直に驚いた。

正さんはそんな私と弥栄子さんの顔を覗き込みながら、「でね、沼津市には、〝朝鮮人街〟があったんだよ」と言った。話が急に変わってしまった。正さんと話をしているとよくあることである。まるで女子高生の会話のように、脈絡もなく話がとんとんと変わっていく。でもそのときは、正さんは蛇松線の話よりもっと前に弥栄子さんが話していた駅北の「朝鮮人長屋」という言葉をしっかりと聞いていて、それに反応して話を展開し始めたことがよくわかった。そこで正さんの言葉を遮ることなく、「正さんも知っているんですか、沼津市の朝鮮の人たちのことを」と促してみるとこう答えた。

知っているさ。よく知っているよ。だって、僕は戦争中に〝朝鮮学校〟で教えてたんだから。一日二時間ぐらい教えてね、それから飯を食って、それで帰ったの。

そこで時間オーバー。転倒予防体操開始の時間になってしまったため、残念ながら話はストップせざるを得なくなってしまった。

● 記憶の確かさ

ほんの短い時間ではあったが、正さんとの会話が成立したという充実感を味わった貴重な時間だった。これまで何を言っているのか理解できないと思い込んできた正さんの言葉が、他の認知症の利用者に助けられながら、こちらが興味を持ってじっくりと耳を傾けてみると、実は正さんなりの脈絡があることが見えてきた。すると、散りばめられた言葉と言葉が意味のあるものとして自然とつながっていったのである。

しかも、その記憶は確かなものであった。家に帰り、『沼津市史』等の資料を漁ってみると、蛇松線のことがしっかりと載っていた。蛇松線とは静岡県内で初めて開設された国鉄で、東海道本線の敷設のための資材を沼津港から運ぶことを目的に、明治十九年に開設された鉄道であることがわかった。また、正さんが言ったように、沼津港の新設のために路線が変更されたことも確かである。蛇松線は昭和四十九年に廃止されたが、それまで沼津港と沼津市街地とを結ぶ重要な鉄道だったのだ。

駅北の「朝鮮人長屋」「朝鮮人街」という言葉は、市史等の「正史」の中には見つからなかったが、戦時中に沼津市に軍需工場と指定された東京麻糸紡績工場があり、そこに多くの朝鮮人の女性労働者が動員されていたことは記されていた。さらにネットで検索したところ、沼津市の紡績工場への朝鮮人労働者の動員が、朝鮮人女子勤労挺身隊という国家的な政策として行われていたらしいこともわかってきた。沼津駅北に戦時中朝鮮の人々が住んで紡績工場で働いていたことは、忘れられた沼津の負の歴史であったようだ。

重度の認知症ということだけで、正さんの発する言葉を鵜呑みにすることができなかった私は、正さんの記憶の確かさに頭の下がる思いがした。沼津市に生まれ育ったのにもかかわらず、その歴史をこれまでまったく知らなかった自分が恥ずかしくなった。

●忘れられた歴史が浮かび上がる

以来、正さんには、聞き書きの時間を使って、一対一でじっくりと話を聞く機会をたびたび設けていった。すると正さんは、昭和十三年の狩野川大洪水の経験や、丹那トンネルの工事に携わったという土建屋を営むお父さんのこと、大手の企業に就職し靴下のメリヤス編機の営業で各地を忙しくまわっていたころのことなどを次々と話してくれた。なかでもメリヤス編機の話は、民俗研究者としては初めて聞くことばかりで驚きの連続だった。

正さんは商業高校を卒業した後、大東製機株式会社に就職したという。インターネットの会社沿革によれば、大東製機は昭和二十四年に大東紡績株式会社より分離独立し、本社を駿東郡清水町玉川に置いていて、靴下のメリヤス編機を製造販売する会社であった。

メリヤス編機は、企業ではなく、農家に売っていたと正さんは言う。当時農家は農業だけでは食べていくのが大変なので、家内工業として編機を使って靴下や手袋をつくっていたそうなのである。大東製機の編機は性能が高く、設定によって靴下や手袋のサイズも変えられるし、また模様もつけられた。それに素材を換えてつくることもできた。一日で百八十足はつくることができたのではないかと正さんは言う。農家でつくった靴下類はグンゼなどの下着会社が買い取っていたそうである。

機械の営業のために、各地の農家をまわった。最初に出張したのは山梨だった。売った機械のメンテナンスも営業の仕事だった。一年に一回はシリンダーを取り出して糸くずを取り除かなければならない。あるとき、奈良のある村にメンテナンスに行ったことがあった。到着するとその家の主人が、まずは飲めと言って地酒を出してきた。相手は客であるから断るわけにはいかない。それで、出されるままに飲んだ。主人のほうが先に酔っぱらってしまったそうだ。

正さんはその程度では酔うことはなく、そのあと機械の直しにさっそくとりかかった。機械が動くようになるまで、諦めて帰るなどということは絶対になかったという。メンテナンスに行くときには、新しい機械への買い替えを勧めるチャンスでもあった。そのため正さんは日本各地を営業で飛び回っていて、なかなか家に帰れないときもあったという。まさに日本の近代社会を担ってきた「忘れられた日本人」である。

あれだけ徘徊を繰り返していた正さんだが、聞き書きの回を重ねるごとに、話を聞かせてくれるときには、じっと席に座って真剣に私につきあってくれるようになっていった。そして、「それどういうことですか？」と何度も聞き返す私の顔を見て、「まったくしょうがないなあ」と言いながらも、別な言葉に置き換えて説明しなおしてくれたりもするようになった。もちろん、正さんが理路整然と話を展開するわけではない。弥栄子さんとの会話のときと同様に、あちらこちらに話が変わっていく。しかし、正さんなりの文脈に寄り添いながら、散りばめられた言葉を一つひとつ拾い上げ、紡いでいくと、正さんの人生とともに、忘れられた沼津の歴史が豊かに浮かび上がってきたのである。

●「思い出の記」からまた始まるもの

正さんはご家族の事情でその後グループホームへ入所されることになった。そこでせっかく正さんが語ってくれたことを形にしておこうと思い、『鈴木正さん 思い出の記』という冊子にまとめることにした。

デイサービス最終日、私はそれまで聞いてきた内容の確認をしたうえで、最後にご家族のことを聞いてみた。というのも、仕事に追われてなかなか家に帰れなかったという話を前回聞いていたので、そのことについて正さんはどう思われていたのかを聞いてみたかったからである。正さんは、それでも家族のことはとても大切だったと言う。奥さんは伊東温泉の旅館で働いていたが、友人の紹介で出会い結婚した。友人が紹介してくれた女性のなかで、奥さんがいちばんきれいだったと正さんは笑った。

そして最後にこう付け加えた。

家族はひとつしかない。だからひとつ屋根のもとに集まって仲良く話をしたりすることが大切なんだ。

――――

正さんはそのように家族と接してこられたのですね、と言うと、「僕はそうしてきたつもりです」と私の目をまっすぐに見ておっしゃった。

正さんが退所されてから二か月ほど後、私は、『思い出の記』を携えてグループホームへと正さんに会いに行った。嬉しいことに正さんは私のことを覚えていてくれた。さっそく『思い出の記』をお渡しし、「息子さんにも同じものを渡しました」と伝えると、正さんは「ありがとう」と涙を流した。でもすぐに笑顔に戻り、ホームの他の入所者さんに得意そうに『思い出の記』を見せ始めた。そして、お父さんの思い出のあたりを見せながら、「すずうめがさ」と語り始めた。

すずうめ？　初めて聞く言葉に私は、「すずうめって何ですか」とすかさず尋ねる。

「すずうめ知らないの？　すずきうめじろう。父親だよ」

正さんはこちらを憐れむような表情で説明してくれた。もしや、鈴木梅次郎で、鈴梅？　つまり、正さんのお父さんの土建屋の屋号である。

また新たに正さんの記憶が泉のように湧き上がってきた。『思い出の記』から新たに始まる聞き書きの可能性を予感した。

●言葉を言葉通りに理解する

それ以降、私の仕事の中心を占めるようになる『思い出の記』の作成は、こうして鈴木正さんから始まった。正さんの『思い出の記』が完成してから間もないころ、私は、定期的に行われている京都認知症介護研究会の講師に呼ばれ、「介護民俗学」の取り組みについて話す機会を得た。そこで正さんへの聞き書きのことを紹介すると、参加者のなかからこんな感想が出された。

「認知症の方から、よくこれだけのことを聞き出すことができましたね」

「そもそも認知症の方の言っている言葉を丁寧に聞こうとしたことがすごいですね」

こうした感想は私には少し意外だった。それだけこれまで介護の現場では、認知症の利用者の「心」や「気持ち」を察しようとはしていたが、語られる言葉を聞こうとはしてこなかったということなのだろうか。香川ハルさんについても、鈴木正さんについても、認知症の利用者の言葉というのは、一見すると脈絡もなく、意味のないものとみなされてしまいがちだ。しかし民俗学における聞き書きのように、それにつきあう根気強さと偶然の展開を楽しむゆとりをもって、語られる言葉にしっかりと向き合えば、おのずとその人なりの文脈が見えてきて、散りばめられたたくさんの言葉が一本の糸に紡がれていき、そしてさらにはその人の人生や生きてきた歴史や社会を織りなす布が形づくられていくように思う。

語られた言葉を言葉通りに理解すること、もしかしたら認知症の利用者たちもそう望んでいるのではないだろうか。

同じ問いの繰り返し

柳田國男の問いに息を飲む

――時に君はタカボコでしたね。大間知君は越中でしたね……

福井県坂井郡高椋《たかぼこ》村生まれの中野重治が、最晩年の柳田國男の自宅を訪ねたときの会話の一コマである。日本民俗学の創始者である柳田國男が、その晩年に来訪者に対して何度も出身地を確認する質問を繰り返したことは、『読書空間の近代――方法としての柳田國男』(佐藤健二著)によってずいぶんと有名になった。中野重治は、その事実に向き合ったときの心情について後にこう記しているという。

私は息を飲んだ。四〜五分もすると話がもどってくる。それがくりかえされる。私は身の置き場がなくなってきた。

同じ問いを数分おきに繰り返す、というのは、言うまでもなく認知症の症状であろう。博覧強記で記憶力も超人的であったという柳田を身をもって知る中野が、認知症による記憶障害から免れなかった柳田の老いを眼前にし、どんなに落胆し、悲しみを感じたことか、容易に想像できる。「私は打ちひしがれて電車に乗り、打ちひしがれたままで家に帰って行き、模様を話してからも腰の抜けたような気持ちでいた」と中野は言う。

認知症の症状が進み老人ホームのサービスを利用するようになった利用者たちの個人ファイルを見ていると、多くの家族が認知症の発症に気づいたきっかけのひとつとして「同じ問いを繰り返す」ということを挙げているのがわかる。

だが、在宅で毎日介護をしている家族にとっては、「同じ問いを繰り返す」ということは、大切な存在が認知症という病気に侵されている事実が突きつけられるばかりではないだろう。数分おきの繰り返しは毎日毎日繰り返される。中野のように打ちひしがれてばかりはいられない。その禅問答のような決着のつかない問いの繰り返しから、何もかも捨てて逃げ出したくなるような激しい苛立ちを覚えることも少なくないのではないか。

介護のプロとして働いている当の私も、老人ホームで認知症の利用者たちと日々向き合っていると、柳田と同様に同じことが繰り返し問われる場面に遭遇することが多い。あまりに繰り返しの頻度が高いと、ときには思わずイラついてしまうこともある。そのたびにこれではいけないと自分を諌めるのだが、それでも未熟な私は自分の気持ちを抑制し笑顔をつくることが難しくなってしまうこともある。それが正直なところである。

自分の至らなさをひしひしと感じていたとき、先の柳田のエピソードを紹介した『読書空間の近代』を読み直す機会があった。著者の社会学者・佐藤健二がこのエピソードを持ち出したのは、単なる興味本位でもなければ、また、どんなに偉大な巨匠でも人の老いは避けられないという当たり前の事実を指摘するためでもなかった。佐藤はこう指摘する。

「君はタカボコでしたね。大間知君は越中でしたね……」。壊れた自動機械のようにこのフレーズがくりかえされたとして、しかしそれは柳田自らの学の構築にとって、意味のない問いかけではなかった。むしろ彼の方法の運動の、原点を象徴する問いであった。

若いころから柳田は、初めて会った研究者や学生に、決まって出身地を訪ねていたという。そして、どんな地名を言われても、頭の中に日本全国の地図がはっきり刻み付けられているのではない

かと思われるほど明確に、そこにはこんな神社があるとか、こんな史料があるだとか、それまでに蓄積してきた関連知識を惜しげもなく披露したというのだ。それは、柳田がいかに大きな記憶装置を持っていたのかということを意味するだけではない。そこに見えてくるのは、その頭に蓄積してきた膨大な知識と経験を分類し、新たな知識を関連づけて記憶するために、柳田が地名を索引にしていたということである。それが、彼の学問を支える最も基本的な方法論であったと佐藤は言う。そして、老いによって単純化された柳田の頭脳に最終的に残ったのは、その学問を体系づける知の方法＝地名による索引だったということである。

認知症によって記憶障害を負った柳田が、学問の原点にあった、記憶を分類し、検索する方法＝地名による索引だけは強固に保持し続けていたというのは皮肉のようでもあるが、別な見方をすれば、柳田を柳田たらしめる原点は最後まで失われることがなかったということができるだろう。

看護や介護を専門とする読者からしたら、柳田國男の学問的方法などと言われても関心の外にあるかもしれない。しかし晩年の柳田の老いの症状について、民俗学者たちが、みなその権威を守るためか、はたまた敢えて触れる必要もない些細なエピソードと考えたのか、いずれもまったく不問に付してきたなかで、佐藤がこれに注目し、「知の方法への回帰」として積極的に研究対象として論じたことの意味は大きい。介護の現場で日々認知症の利用者に向き合う私たちにも、少なからずヒントを与えてくれるのではないかと思うのである。

もしかしたら、私たちを閉口させる認知症の利用者の「同じ問いの繰り返し」も、意味のない言動ではないのではないか。柳田のように「知の方法」などということはできないかもしれないが、彼ら彼女らの人生の最も基層にある「生きる方法」につながる言動として理解できるのではないだろうか。そうすれば私たちは、「苛立ち」ではないもう少しプラスの感情を抱くことができるのではないか。

そんな期待をほのかに抱きながら、あらためて、私のまわりの利用者たちに見られる「同じ問いの繰り返し」の様子を注意深く見てみたいと思う。

●「ところであなたはどこ？」

瀬名喜代子さん、大正九年生まれ。たとえば、昼食前に私がショートステイのリビングで、喜代子さんの座っているテーブルを拭いていると、喜代子さんはにこにことして「ありがとう」と言ってくれる。そして次に続く言葉は必ず「あんた、何町？」である。まるで初めて出会ったかのように、喜代子さんは私の住んでいる場所を尋ねてくるのである。

私は毎回初めて聞かれたかのように、「沼津です」と答える。そうすると、「へえ、沼津。沼津の何町？　本町？」とさらに質問は続く。

私は「いいえ、○○です」と答えると、あまり聞いたことがないという顔をしながら「○○ってどの辺？　駅のまわりじゃないわよね」と言うので、私は、「そうですね、ここから車で三十分くらいのところですね」と答えると、喜代子さんはちょっと安心した顔をして、「それじゃあ近いじゃない、私は三島の○○町。今度お友達と一緒に遊びにいらっしゃいよ」と誘ってくれる。「はい、ではぜひ今度」と私が答えると、喜代子さんはにっこりとほほ笑み、ここで問答はひとまず終わる。

「三島の○○町」とは喜代子さんの生まれ育った場所である。ときには、この部分が現在居住している「長泉町の○○」と変化することはあるが、喜代子さんのショートステイ利用日には毎日数分おきに、ほぼ同じ形でこの問答が繰り返される。しかもユニット中に響き渡る大きな声で。

もちろん、喜代子さんの問いの矛先は私だけではなく、目にとまった職員や利用者にも向けられる。なかには、あまりの頻度に堪えられなくて、「なんであんたはさっきから同じことばかり言ってるの」と怒りを露わにする利用者もいるが、職員もそして多くの利用者たちも、何度も繰り返される問答に苦笑いをしながらも怒ることなく「私は○○町」と答えてくれている。私はその様子を見ながら、みんなエライなあ！　と感心し、イラついてしまう自分の未熟さを反省するのである。

岡田幸恵さん、大正十五年生まれ。彼女も喜代子さんと同様に、「ところであなたはどこ？」と相手の住んでいる場所を尋ねる質問を繰り返す。喜代子さんと異なるところは、幸恵さんの場合には、その繰り返しの頻度が低いことと、そして質問を繰り返すシチュエーションがだいたい決まっているということである。私の経験からいうと、幸恵さんがこの質問をするのは送迎車の中である。たとえば迎えのときには、施設への道のりの途中でこんな会話が毎回繰り返される。

幸恵さん　（自宅近くの道路沿いの広い空き地を眺めながら）ここ、うちの土地なんです。
六車　ああそうなんですか。
幸恵さん　畑なの。でも、息子たちは今はなーんにもつくっていないでしょ。
六車　そうですね、今は何もつくっていないですね。
幸恵さん　まったく、何しているんだか。

しばらく静かに車が走る。そして、地元の自動車学校の前を通り過ぎるときにはこんな会話が再開する。

幸恵さん　この自動車学校やっているかしら。
六車　やっているみたいですよ。
幸恵さん　ここうちの土地なんです。校長先生がね、うちにわざわざ来てね、貸してくれっていうから、うちの人が貸したんですよ。
六車　そうなんですか。
幸恵さん　近くにこういうのがあると便利でしょ。車に乗るにはね、自動車学校に行かなきゃだめでしょ。遠くに行くのは大変だものね。
六車　そうですね、近くにあると便利ですね。みなさん車乗りますからね。

車が自宅のある裾野市から長泉町に差し掛かるあたりになると、今度は幸恵さんはこんなことを話し出す。

幸恵さん　ここはどこですか。
六車　長泉町の上○○です。
幸恵さん　ああ、たしか、上○○、下○○ってありますね。
六車　そうですね、中○○もありますよ。
幸恵さん　それは知らないわ。私、この辺の出じゃないから、このあたりのことはさっぱりね。小田原高女って知ってます？　私は小田原高女に行ったんです。
六車　じゃあ、幸恵さんは小田原の出身なんですね。
幸恵さん　いいえ。私はね、小田原の近くで、金原村、金○っていうところ、田舎の生まれなの。金がいっぱい付くって、友達にいつも笑われたんです。村長さんがね、お金がたくさん儲かるようにって付けたんじゃないかと思うのよ。ところであなたはどこ？

このタイミングでいつも私は居住地を尋ねられる。

六車　沼津です。

幸恵さん　沼津のどこ？

六車　○○です。

幸恵さん　○○？　ごめんなさいね、知らないわね。私、小田原なの。小田原高女ってご存知？　小田原城の中に小学校があってね、その隣にあるの。小田原は本当にいいところですよ。海も近いし、お城もあるし。私はね、金原村、金○ってところの出なの。金がいっぱい付くって、友達にいつも笑われたんです。村長さんがね、お金がたくさん儲かるようにって付けたんじゃないかと思うのよ。ところであなたはどこ？

この質問が何度か繰り返されるうちに車は施設に到着する。

●予定調和を演じることによって

冒頭の柳田に関連づけて、相手の居住地や出身地を尋ねてくる二人の利用者の「同じ問いの繰り返し」の様子について少し詳しく紹介してみた。

認知症の利用者たちの「同じ問いの繰り返し」を注意深く見てみると、その方によって繰り返される内容にずいぶんと特徴があることがわかる。ここで紹介した二人のように、相手の居住地について尋ねる方もいれば、その日の曜日を何度も尋ねる方もいる。また相手の年齢を尋ねたり、いま何時かを尋ねる人もいる。言い換えれば、認知症による記憶障害であっても、何から何まであらゆることを繰り返して尋ねるのではなく、そこにはその方の何らかのこだわりを読み取ることができると思われるのである。

では、喜代子さんと幸恵さんは、なぜ相手の居住地や出身地を繰り返し尋ねるのだろうか。また、そこには二人のどんな「生きる方法」が見て取れるのだろうか。先ほど紹介した「同じ問いの繰り返し」の文脈や二人に教えてもらった経験などから想像してみたい。

喜代子さんは、相手の居住地を尋ねた後、必ず「それじゃあ今度うちに遊びにいらっしゃいよ」と明るく誘ってくれる。それがお決まりのパターンである。それは、喜代子さんのこれまでの生き方に深く関係していると思われる。

喜代子さんは元気なころ、地域の婦人会やボランティア活動に積極的に参加していたという。喜代子さんも、私たちにときおりそのころのことを話してくれる。ボランティア活動でみんなで施設をまわったとか、婦人会活動で公民館に集まって手作業をしたとか。

そんな喜代子さんは、職員たちに対していつも激励の言葉をかけてくれるのだが、そこから彼女がかつてどんなふうに活動に関わっていたのかが想像できる。たとえば利用者たちに折り紙を折ってもらっているとき、喜代子さんもそれに参加しながらこんなことを言うのだ。

こういう手を動かすっていうのは、本当にいいですよね。みんなでやるからいいの。そして、なんたってこれを引っ張っていってくれる人がちゃんとしているからいいですよ。リーダーさんがこんなにいろんな折り方を知っていて、丁寧に教えてくれるんだもの。

ここで喜代子さんがリーダーさんと呼んでいるのは、折り方を教えながら利用者たちに折り紙を折ってもらっている私のことである。喜代子さんは決して人をけなしたり、文句を言ったりはしない。いつもみんなに心を配り、その場の雰囲気を盛り上げようと気を遣っている。そして、職員に対しては、上記のようにどんな些細なことでも励まし、そしてリーダーとしてのあり方を嫌味なく教えてくれようとするのだ。

おそらく喜代子さんは、婦人会でもボランティア活動でもリーダー的存在として活動の中心に立ってきたのであり、他のメンバーを激励したり、活動の雰囲気を盛り上げたりしていたに違いない。そして、リーダーにありがちな権力の独占をせずに、後進が育つように役割を譲ったり、陰で支えたりしていたのではないだろうか。まさにこれぞリーダーというべき、模範的なリーダーのあり方を体現して生きてきたように、少なくとも今の喜代子さんからは想像ができる。

ところで、「あなた何町?」から始まる一連の問いは、私の知る限り、喜代子さんが職員を激励した後に必ずといっていいほど続く。そして、「それじゃあ今度うちに遊びにいらっしゃいよ」で一応の終息を迎えるのである。先ほどの折り紙のときもそうだったし、また、たとえば車椅子利用者である喜代子さんのトイレ介助をしたときもそうだった。介助をしている私にむかって喜代子さんは、「あんたにこんなことしてもらって申し訳ないよ。本当に助かった。ありがとう」と感謝の言葉をかけてくれ、「ところであんた何町？」と問いかける。そして最後には必ず「うちに遊びにいらっしゃい」と言うのだ。

とすると、「あなた何町？」で始まる一連の問答は「それじゃあ今度うちに遊びにいらっしゃいよ」を導き出すためのいわば伏線だと考えられる。そして自宅への誘いは、喜代子さんの相手に対する最大の激励の言葉だったのではないだろうか。

茶道の先生をしていて社交的であった喜代子さんのことだから、本心からの誘いだったかもしれないし、あるいは社交辞令だったかもしれないが、いずれにせよ「それじゃあ今度うちに遊びにいらっしゃいよ」というのは相手の存在を受け入れ、その努力を最大限励ます言葉であったことは間違いない。そうやって喜代子さんは地域で生きてきたのであろう。「あなた何町？」から始まり「うちに遊びにいらっしゃい」で終わる問いの繰り返しには、地域でのさまざまな場面でリーダーとして活動してきた喜代子さんの「生きる方法」が見て取れるのだ。

ここでもうひとつ確認しておきたいのは、この問いの繰り返しは、常に予定調和的に終わることが大切だということである。そう感じたのは、職員のちょっとしたいたずら心による、ひとつのハプニングがきっかけだった。

あるとき職員が、喜代子さんの関心を逸《そ》らそうと、「あなた何町？」という問いに対して、「僕は火星です」と答えた。喜代子さんはこの突拍子もない答えに対して、「えー」と大きな声を挙げて驚いたと思ったら、「やだー、この人はまったく愉快な人だねえ」と大笑いした。そして、笑いもおさまらないうちに、「で、あんた何町?」を繰り返したのである。

職員はちょっと拍子抜けしたようだったが、再び「火星です」と答えた。喜代子さんも再び「えー」。そして、「で、あんた何町?」。なんだか居心地の悪そうな、落ち着かない様子に見えた。その様子を察した職員は、今度は「沼津です」と答えた。するといつもと同じように「沼津の何町?」と問答が続いていった。喜代子さんは何もなかったかのように、にこにことしていた。

認知症の方の「同じ問いの繰り返し」には、実は、「同じ答えの繰り返し」が求められているのではないだろうか。

喜代子さんの問いに対して相手が予定調和的に答える。そのやりとりによって、「うちに遊びにいらっしゃい」という、喜代子さんの「生きる方法」を象徴する言葉が導き出される。そしてそのやりとりが何度も繰り返されることによって、喜代子さんはショートステイという未知なる場所において自分の立ち位置を見つけ、ほんのひとときの安心感を確保できるのだろう。

予定調和を演じることによって安定が確保される。これはある意味で民俗儀礼に似ている、と民俗学を専門にしてきた私は思う。たとえば年中行事の代表格である小正月の儀礼を例に考えてみよう。

日本には元日を祝う大正月と一月十五日を祝う小正月の二つの正月があり、特に小正月は農耕に関連する儀礼が多く含まれている。「同じ問いの繰り返し」に関連して挙げたいのは、問答によって進められる「成り木責め」である。

「はじめに」でも触れたが、成り木責めは、一月十四日もしくは十五日に行われる。文句や方法は地域によって違いがあるが、たとえば山形県の村山市では、庭にある柿や栗などの実のなる木の幹を一人が鉈《なた》で叩きながら、「成るか成らぬか。成らねば伐るぞ」と脅し、成り木役のもう一人が「成り申す。成り申す」と答える。そうやってその年の実りが豊かであることを呪術的に確かめるのである。

この成り木責めでは、夫婦もしくはその家の家長と子どもなどのペアで必ず儀礼が行われ、夫や家長が問い、妻や子どもが答える。そして、二人は互いに決められた問答を正確に演じなければならない。なぜなら、それによって初めてその年の実りが確保され、家族の安定した暮らしが保障されるからである。もし、ふざけて子どもが「成りません。成りません」などと答えたとしたら、それは実りの不作を起因することになり、新年という一年のなかで最も不安定で混沌とした時期に家族の安定が得られないことになってしまう。それは、農耕に頼った暮らしをしていたころには家族にとって決定的なダメージになったのだ。

ゆえに民俗儀礼とは、常に決められたことが決められた通りに滞りなく全うされることが重要となる。予定調和が毎回毎回繰り返し確実に演じられることによって、人々の暮らしの安定が保障されてきたのである。

この民俗儀礼の特徴になぞらえてみれば、予定調和が演じられる認知症の方の「同じ問いの繰り返し」も、本人にとっては不安定で混沌とした場所において、「生きる方法」を確かにし、ひとときの安心を得るための儀礼的行為だということができるだろう。

●追体験される悲しみ

だが、「同じ問いの繰り返し」は、安定や安心が確認されるばかりではない。それについて、最後に、先に挙げた岡田幸恵さんとの問答から見ておきたい。送迎車の中での幸恵さんの言葉をあらためて見てみよう。

幸恵さんは、自宅に近いところでは、どこが自分の家の土地なのかを繰り返し述べている。しかしそれは単なる自慢話ではなく、神奈川県の山村から、静岡県裾野市という実家から遠く離れた土地の大地主の家に嫁いだ幸恵さんにとっての「生きる方法」だったのではないか。

すなわち、見知らぬ場所で見知らぬ人（彼女にとっては私たちはいつも初めて会う存在である）に対し不安な心持ちでいるときに、自分の立ち位置を確かにし、安定、安心を得るために、何よりも自分の嫁ぎ先の財力や権威を主張することが必要だったのだ。それが親戚も知人もおらず、習慣も異なる見知らぬ土地で、大地主の嫁として生き抜く幸恵さんの「生きる方法」だったのではないかと思う。

また、送迎車が施設に近づくころに繰り返す、小田原高等女学校を出ていることをことさらに強調する言葉にも、自分が大地主の嫁にふさわしいことを示そうと腐心してきた幸恵さんの苦労をうかがい知ることができるように思う。

老人ホームという未知なる場所に赴くにあたって、いかに安定的な場所を確保し、安心感を得るのか、そのための儀礼として、毎回送迎車の中で幸恵さんは同じ問いを繰り返し、かつて培ってきた「生きる方法」を繰り返し確認しているのだろう。

だが、幸恵さんの「同じ問いの繰り返し」は、寂しさのような、あるいは切なさのような、決してプラスではない感情を帯びているように感じられることがある。たとえば小田原高女のことを繰り返すとき、必ずついてくるのは、自分が小田原ではなく、金のつく山村、田舎の生まれであるという言葉である。しかも、そのことを小田原高女の友達にいつも笑われていたというエピソードも添えて。

別の機会に幸恵さんに小田原高女でのことを尋ねたことが何度かある。ところが、送迎車の中では小田原高女出身であることを繰り返していたのにもかかわらず、覚えていないと言ってあまり具体的な経験については幸恵さんの口からはほとんど聞くことができなかった。そればかりでなく、そのときの友達とは、裾野に嫁に来てからはほとんど会わなくなったと悲しそうにつぶやいていた。

実際のところはわからないし推測の域を出ないが、幸恵さんの話やそのときの様子からは、高女時代の記憶は必ずしも楽しいものばかりではなかったのではないかと想像できる。もしかしたら幸恵さんは、子ども時代貧しさでずいぶんと苦労したのかもしれない。それが小田原高女出身だとか、嫁ぎ先の家の土地がどこだとか、そうした自分を権威づけることにより安定した場所を得るという「生きる方法」につながったのかもしれない。

送迎車の中での「同じ問いの繰り返し」によって、幸恵さんは自分の立ち位置と安心を得られるとともに、それが繰り返されるたびに、彼女のなかでは悲しく切ない記憶をも呼び起こされている。そう考えることができる。実はそのことは、「あんた何町？」から始まる「同じ問いの繰り返し」をする瀬名喜代子さんの場合にも言える。

喜代子さんは、繰り返しの問答の最後を必ず「じゃあ、うちに遊びにいらっしゃい」で結ぶ。それは、地域のリーダー的存在として生きてきた彼女の「生きる方法」を象徴する言葉であったと私は述べた。だが、「うちにいらっしゃい」という言葉は時にネガティブな感情を伴う辛い記憶に結びつくことがある。喜代子さんは、「うちには男の子が二人いるけど、大丈夫よね。女の子もいたんだけど、横浜に取られちゃったのよ」と会話を続けるのだ。

よく話を聞いてみると、喜代子さんには三人の子どもがいたが、娘さんは、親の意に反した結婚をして横浜に嫁いでしまったようなのだ。その経験は、最愛の娘を無理やりもぎ取られたような痛みとして喜代子さんの心と体の深いところに刻み込まれている。

「本当にひどいのよ。こんなことがあっていいのかしら。私は大泣きしたわ。お父さんなんて、そのときから体がおかしくなっちゃったのよ」

普段はとても明るい喜代子さんが、そう涙ながらに私に訴えてくることさえある。「同じ問いの繰り返し」は、安定や安心を確保する一方で、普段は心身の奥に眠っている悲しい記憶を呼び起こし、追体験することに結びついてしまうことがあるのだ。

コインの裏表のように、ポジティブとネガティブな要素が表裏一体となり、それがときに反転するというのは、民俗儀礼の特徴でもある。先ほどの「成り木責め」も、実りの豊穣が呪術的に保障される一方で、鉈で木の幹を傷つけるという行為によって、木（自然）を傷つけ利用して生きているという人間がもつ原罪が目の前に突き付けられる、そういう儀礼である。

ただし、民俗儀礼の場合には、一年に一回、一か月に一回という決められた機会に行われるだけだが、認知症の方の「同じ問いの繰り返し」の儀礼は、毎日、そして数分おきに繰り返される、それが決定的に異なっている。彼らは問答を繰り返すたびに、安定と不安定、安心と不安、喜びと悲しみのあいだを、さまよい、生きているのだ。

幻覚と昔話

幻聴幻視あれこれ

認知症の方の周辺症状のひとつに、幻聴や幻視などの幻覚症状がみられる場合があると言われている。実際に、私が施設で接している利用者のなかにも、私たちには聞こえない声が聞こえたり、見えないものが見えたりする方が何人もいる。まずは少し紹介してみたい。

楠本サエさんは、認知症が進行して日常会話も成り立たないことが多く、「あーあーあー」と高い声を上げている。また、天井の隅を遠い目で見つめたり、何も乗っていないテーブルの上へ何かをつかむかのように手を伸ばしたりすることがよくある。ある日、私がサエさんに「こんにちは、サエさん。今日はいいお天気ですねえ」と話しかけていると、急にサエさんが私のちょうど胸のあたりに視線をとどめて、こう叫んだのである。

カズヨシ、あんた何やっているの。靴下をちゃんと履きなさい。いつも言ってるじゃない。まったくあんたは。

その声はいつもの「あー」と叫んでいるサエさんからは想像がつかないくらい低く、しかも口調はしっかりとしている。私は多少戸惑いながらも、「サエさん、カズヨシって誰ですか。息子さん？」と尋ねてみた。するとサエさんは、私の胸から視線をそらさずに低い声でゆっくりと「そうよ」と答えた。

どうやらサエさんには、私の胸のあたりに子どものころの息子さんの姿が見えているらしかった。五分もしないうちに、サエさんはまた天井の隅を見上げて「あー」という声を上げたが、息子さんを叱っていたときのサエさんはまさに母親の顔をしていたのが印象的だった。

青島まさ子さんは、認知症でうつ症状の強い方であり、「私なんてなんにもできない。死んでしまえばいいんだ」と自分を責め嘆いていることが多い。落ち込んでいるまさ子さんに声を掛けてみると、少しずつ状況を話してくれる。そこには、いつも小さな子どもたちが登場してくる。

家の二階で一人で寝ているでしょ、そうすると子どもたちが来るんです。それで、「お母さんを殺せ、殺せ」って騒ぐでしょ。だから私嫌になっちゃうの。殺せって言うんだから死んだっていいんだけど、そう思ってもなかなかそうすることもできないし。もう本当に嫌だし、眠れないの。

「殺せ、殺せ」と騒ぐ子どもたちの姿をまさ子さんは見たことがないが（というより嫌なので見ようとしないのだという）、ベッドのまわりでいつも騒ぐので、その物音や声で来たことがわかるのだそうだ。子どもたちは、ときには針でまさ子さんの足を刺すこともある。だから、歩こうと思っても足が痛くて歩けないのだとまさ子さんは訴える。

子どもたちがなぜまさ子さんに「殺せ」と言ってくるのか、その理由はまさ子さん自身にもわからないという。まさ子さんが嫌だという子どもたちだが、ときにはまさ子さんが心底心配する大切な存在として登場することもある。

ショートステイのある利用日、いつものように顔を曇らせてベッドに横になっていたので、どうしましたと尋ねると、「子どもたちが来た」と言う。気分転換に、「天気がいいので少し散歩をしましょう」と庭に誘い、ベンチに二人で腰かけていると、まさ子さんはまた子どもたちの話をし始めた。

昨日も夜眠れずにいると、子どもたちが今度は助けてと叫んで逃げ込んできたというのだ。前に何人かの大人たちがやってきて，「子どもを殺した」というようなことを話していた。それでまさ子さんはもう子どもたちが死んでしまったのではないかと心配していたが，誰かに助けてもらって無事だったことがようやくわかり，心から安心して，嬉しくて仕方がなくて涙が出てきてしまったのだという。

そう私に話してくれるまさ子さんは目に涙を浮かべていた。助けを求めてきた子どもがいつもの「殺せ」という子どもと同じかどうかは確認できなかったが，その日，子どもたちは我が子のように大切な存在としてまさ子さんの前に現れたことは確かである。

また，子どもたちは，ときにやんちゃな面も見せる。まさ子さんはすぐにお腹がいっぱいになってしまうが，残しておいたご飯やお菓子をまさ子さんが寝ているあいだに子どもたちが全部食べてしまうのだそうだ。それに，ここ（ショートステイ）にいるとお風呂にも入れてもらえるから嬉しいといって喜んでいるという。ほかにもまさ子さんは，困ったときには今でもおばあちゃんが来てくれて助けてくれるんだとよく言う。子どものころにおばあちゃんに育てられたまさ子さんにとって，おばあちゃんは何よりも親しく大切な存在である。もちろん，とうに亡くなっているが。

幻聴幻視といった幻覚は認知症の周辺症状として問題化されることが多く，レビー小体型認知症と診断された場合には幻覚症状を抑える薬が処方される場合もあるという。しかし，こうしてみてみると，サエさんにせよ，まさ子さんにせよ，幻覚はときに本人を苦しませることがあるが，しかしときにはその方を支えたり，優しい気持ちにさせてくれることもあると言えるだろう。

●幻覚の物語性

幻覚症状のある利用者に話をうかがっていると、その方の語る幻覚世界の豊かな物語性に驚かされることがたびたびある。渡邉美智子さんは普段はあまり他の利用者や職員たちと話をすることはなく、一人でいることが多いが、話しかけるとそれには訳があることがわかった。

美智子さんには死者の声が聞こえるのだという。

夜になると、部屋の中からどこからともなく声が聞こえてきて、話しかけてくる。姿はまったく見えず声だけが聞こえてくる。怖くて怖くてたまらなく、窓や戸を全部閉めて鍵をかけて、そして電気はつけっぱなしで寝た。それでもどこかの隙間から入ってくるのか、声が聞こえてくるのだという。

声の主は一人ではなく何人もいた。彼らによると、この世では死んでいるという。あまりにもうるさいので、大きな声で「出ていけ！」と叫んだが、彼らは「美智子さんが怒っているから静かにしよう」と言い合ったりしているだけで出ていこうとしない。

あるときには、押し入れのほうから声がする。押し入れに収納した布団の上で寝ているらしい。それで布団を全部取り出して、杖を振り回して、「出ていけ！」と追い払った。ある晩には、二人の子どもがやってきて、「おばちゃんおなかすいたよ、パンちょうだい」と催促してきたことがある。もちろん姿は見えないが、声の感じで子どもだとわかったという。子どもには、「そんなにお腹がすいたのなら、勝手にパンを持ってけ」と言ったが、結局持っていかなかったそうだ。

家にばかりいるとそういう声が聞こえてくるんだ、とその声が聞こえない息子が、この施設へ通うことを勧めてくれた。でも施設に来ていても、最近はときどき声が聞こえてくることがあるという。他の利用者たちと楽しく歌を歌っていると、彼らが一緒に声を合わせて歌ったりすることもある。そんなことについて、ほかにやることがなくて暇なのじゃないかと美智子さんは分析する。

そういうときには鬱陶しくて「もう帰ってくれ！」と言ってしまうことがある。息子からきつく注意されているから大きな声は出さないようにしているけれど、それでも口が動いてしまう。そういう自分の姿を見て、他の利用者たちや職員たちが変に思ったり怖がったりするのではないかと思うと悲しくて仕方がない。それが心配だから、施設では自分から話をすることはない。そう美智子さんは肩を落とした。美智子さんは自身の幻覚症状に戸惑っているが、幻覚症状そのものというより、息子さんやまわりの人間がそれを理解してくれないということに苦しんでいるように見える。さて、そうした話を「へー、そうなんですか、それで？」と興味津々に聞いている私を、美智子さんは最初こそ訝しげに見ていたが、話を進めるうちに、さらに詳細に幻覚の内容を教えてくれるようになっていった。

声の主の姿はまったく見えないが、彼らによると、みんな洋服も着ていなくて裸であるそうなのだ。食事もとらなくてもいいという。でも、それじゃあ寒いだろうとか、お腹がすくだろうと美智子さんが思わず心配してしまうと、寒い、お腹がすいたと言ってくる。それで、「じゃあお金をあげるから、これで洋服でも買ってこい」とお金を渡そうとするが、彼らはそれを受け取ったことは一度もないという。

美智子さんの耳に聞こえてくる死者の声は、こうしてリアルな姿で現れる。そしてそれはまるで昔話に登場する妖怪のようにチャーミングだ。語っている美智子さんも、「もうまったく!」とため息をつきつつも、なんだか彼らに親しみを感じているように見えた。

そんな死者の声が、美智子さんに頼みごとをしてくることもあった。美智子さんによるとこういうことだ。

ある日、むかし地元の福祉センターで一緒にカラオケを楽しんでいた仲間(癌で亡くなったそうだ)がやってきた。よくわからないが、自分が何かの犯罪の疑いをかけられているから、自分をよく知っている美智子さんに証言してほしいと言ってきた。その人は生前とても義理堅くて、美智子さんにもよくしてくれた。だから放っておけなくて、一緒に警察に行こうと思ったが、施設に行かなければならなかったので、「自分で警察か役場に行って調べてこい!」と言って出てきたそうだ。すると彼は、「それじゃあ後で施設に行く」と言った。だからずっと待っていたが、とうとう現れなかった。たぶん自分で警察に行ったんじゃないかと思う。そう美智子さんは語った。

実際この日、美智子さんは施設の送迎車が自宅に到着する前に、警察方面に一人で歩いて行ってしまっていたし、施設に来てからも、廊下に出てみたりと落ち着かない様子が見られたのである。

徘徊の原因がこうした幻覚にあったり、またそうして一人で歩き回って転倒したり事故にあったりするリスクを考えたら、幻覚症状を認知症の問題行動として抑制したくなるのもわからなくはない。しかし、私が注目したいのは、声の主の死者たちが生き生きとこの世を闊歩している様子を、美智子さんが推理小説家かもしくは昔話の語り部のように雄弁に言葉豊かに語ってくれることである。

さらに言えば、ときに翻弄されながらも彼らとともに物語世界を生きることが美智子さんの日常になっている、ということである。そんな美智子さんが生き生きと生きている世界を単に認知症の問題行動とだけ認識してしまっていいのだろうか、という思いを私は強く持つのだ。

● 昔話の語りと幻覚の境目は?

こうした利用者の幻覚について聞いていると、私はいつも心躍るような、でもちょっと恐ろしいようなそんな不思議な感覚を覚える。それは、大学に勤務していたころ、学生たちとともにある東北のムラでドキュメンタリー映画の撮影をしていた際に、老夫婦に狐の話を聞いたときの感覚に似ている。

私たちは、大正二桁生まれの老夫婦のお宅におじゃまし、カメラをまわしながら、村にある荒神さまのお祭りについて取材していた。話は、隣村の祭りの話へと移っていった。すると、おばあさんがそういえばと言って、唐突にこんな話をし始めたのである。

昔は、この辺にも、騙《だま》す狐がいたもんだ。おれの舅さまが隣村の祭に行ったんだ。菰《こも》にいっぱいのお土産を包んでもらってきたんだ。餅とかよ。で、それを腰に提げて夜道を帰ってくるだろ。酒いっぺえ飲んでて、いい気分で境内さ寝てしまったんだと。そうするとよ、朝起きるだろ、腰に提げてた土産さそっくりなくなってたんだと。これは狐に騙された、すっかり狐に持ってかれてしまったって、舅さま、騒いでたっけ。

学生たちが狐に反応して、「えっ、狐が騙すんですか」と問うと、さらにおばあさんはこんなことを教えてくれた。

狐は形は見えないんだ。夜一人で歩いてるだろ、そうすると後ろでカランコロンカランコロンと音がするんだ。そういうときは狐がついてきてるから、後ろ見たら駄目なんだ。後ろ見ないで、「なに狐、ついてくるな」って脅して追っ払うんだ。

おじいさんもうなずいている。そうして、最後に夫婦そろってこう言って口をつぐんだ。

昔はそういう狐がいたもんだ。今はいなくなったな。

薄暗い灯りの下で聞いた狐の話は、私たちを不思議な幻想世界へ誘ってくれたように覚えている。私はそのとき、この老夫婦が最後に口にした「今はそういう狐がいなくなったな」という言葉の意味を考えた。「昔は狐が人を騙すなんてことを言ったが、今は誰も言わなくなったな」ということを比喩的に言っていたのか、それとも言葉通り、「昔は人を騙す狐がいたが、今はいなくなったな」と「騙す狐」の存在そのものの有無について言っていたのか、ということである。

両者の決定的な違いは、「狐が人を騙す」という物語世界に対する語り手の距離のとり方である。すなわち前者は、物語世界をフィクションとして見ているのであり、後者は、物語世界を生きているのである。私は、この老夫婦は「狐が人を騙す」という物語の世界を生きてきた人たちだと思う。というより、薄暗い部屋での語りの場の雰囲気は、騙す狐をリアルな存在として私たちのあいだで共有させるものがあったのだ。

民俗学の世界では、昔話の伝承には、語られる内容とともに、語られる場そのものに重みがあるとされている。基本的に昔話は、薄暗い部屋の中で囲炉裏を囲んでいる子どもたちに、その家のおじいさん、おばあさんが語り部となって伝承されてきたものである。人影や物の影が後ろの壁にゆらゆらと映り、囲炉裏の火のぱちぱちという音だけが響く静寂さ、そのなかで、みんなでおじいさん、おばあさんたちの声にひたすら耳を傾ける。

そんな雰囲気のなかで昔話が語られてこそ、狐も河童も鬼たちも、この世の闇を跳梁跋扈《ちょうりょうばっこ》できたのである。子どもたちは、登場する妖怪たちの姿や息遣いをリアルに感じ、その物語世界を語り部とともに共有していったのだろう。

そして、もうひとつ重要なのは、そこにおいて物語世界を共有するのが、老人と子どもであるということだ。民俗学では、老人も子どもも神に近い存在として説明される。つまり、生まれて間もない子どもと死を間近に迎えた老人は、世俗にまみれたこの世の両端に生きる存在であり、したがって両者ともあの世に近い、神に近い存在として民俗世界では認識されてきた、というのである。神に近い存在である老人と子どもであるからこそ、世俗的な説明など必要とせずに、語られる物語世界をそのまま素直に受け入れることができるのである。

そう考えたときに、「人を騙す狐」の物語世界を生きる老夫婦と、「殺せ」とやってくる子どもたちの存在を感じるまさ子さんや、死者の声が聞こえる美智子さんとのあいだには、決定的な違いなどあるのだろうかと思えてくる。一方は昔話の語り部であり民俗学の調査対象になり、一方は認知症の高齢者であり治療の対象になると分ける根拠も曖昧になってはこないだろうか。

認知症という病気やその治療を否定しようとしているわけではない。ただ、今こうして介護の世界で認知症の利用者と関わりながら見えてきたことがひとつあるのだ。それは、年をとるとは、個人差はあるにせよ、それまでは見えなかったものが見えたり、聞こえなかったものが聞こえるようになることであり、そうして跋扈する狐や死者たちを拒絶せず、否定せず、彼らとともに腰を据えて生きていくことなのではないか、ということなのである。認知症の幻覚と昔話との関係について、まだまだ考えるべきことは多いように思う。

第四章

語りの森へ

「回想法ではない」と言わなければいけない訳

●メモをとってはいけない?

本書の初めにも記したように、介護の現場で働き始めたころ、私は民俗学と回想法との共通性に惹かれていた。そこで、地元の福祉関係の組織が主催している回想法の勉強会に参加した時期がある。三か月おきの勉強会の最終日、グループワークの初めに、「これまで回想法を実施してきて困ったことを各自挙げてください」と言われた。ところが、私はひとつも挙げることができなかった。すると講師から、「私はいつも失敗ばかりですよ。謙虚な気持ちで取り組まないと」と指摘された。

「利用者に話をお聞きするのはこんなに楽しいのに、なぜ最初から困ったことを挙げなければいけないわけ？　いろいろと試行錯誤することはあるけれど、失敗だなんて思ったことはないよ」

私はそう心の中で哀しく呟いた。

勉強会では毎回、回想法に関心のある施設の職員が集まって講義を受けたりグループワークを行うことを通して回想法の基礎知識を学び、各自施設に持ち帰って実際に試みてきた。当初は、私が模索しつつある「介護民俗学」と回想法とのあいだに共通点があることに大きな喜びと期待を感じて参加していた。しかし、回を重ねるごとに、回想法に対して違和感を覚えるようになっていった。

最初に感じたのは、回想法では実施中にメモをとることを極力避けるべきだとされていることへの疑問である。勉強会の講師によると、参加者の前でメモをとると、真剣に聞いてくれていないと感じてしまうからだという。

しかし、これまで老人ホームの多くの利用者たちに話を聞いてきたが、メモをとることを拒んだりいぶかしげな表情をする方はほとんどいなかった。講師が指摘したような「真剣に聞いてくれていない」などという不満を持った方もいないに違いない。それどころか、利用者は私のメモを興味深そうに覗き込んでそうそうとうなずいたり、ときには自らペンを持ってメモ帳に書き込もうとしてくれたりもする。また、決して速くはないこちらのメモのペースに合わせるかのように、ときおり沈黙してこちらの様子をうかがいつつ、言葉をあれこれと捜したり、昔の記憶に思いをめぐらしたりしながら、じっくりと話をしてくれる利用者も多い。

もちろん、何人かの利用者からは、「なんでそんなに一生懸命メモをとっているの？」と尋ねられることもあった。が、それに対して、「せっかく面白いお話を聞いていても、私、メモをとらなかったらすぐに忘れてしまうんですよ」と正直に答えると、その方々も、「そうだよね。私もどこかに書いとかなきゃすぐに忘れちゃうもんね」と同調してくださったし、なかには、「そんなに一生懸命聞いてくれる人はこれまでいなかったよ。私の人生、ちゃんと書きとめて小説にでもしたら、すごく面白いと思うよ」と言って、毎回実に楽しそうにご自身の人生を振り返ってお話をしてくれている方もいる。

メモをとることは、利用者が言葉を紡ぎだすことを妨げるどころか、さらなる深い展開を促すことさえあるのだ。もし、メモをとることが話を聞くことの妨げになるとしたら、それは話し手（利用者）と聞き手（職員）とのあいだに信頼関係が築かれていないからだと言えないだろうか。

また、さらに言えば、回想法においてメモがとられることが重視されていないのは、前章で指摘した介護や福祉の世界での傾向（九六頁）と同様の理由があるのではないか。つまり回想法においても、その関心の中心が、回想された内容そのものよりも、利用者の非言語的表現や気持ちの動き、メンバー間のコミュニケーションといったところにあることに関係していると考えられる。それは、回想法の記録の項目にも表れている。勉強会のテキストでは、記録のポイントとして、

（1）メンバー個人の参加状況……発語量、集中度、回想内容など
（2）メンバーの継続参加状況……前回との比較・相違点など
（3）グループ状況……回想法の導入や展開など
（4）回想法終了後の評価について……事前・事後評価、ケアへの継続について

といった四点が挙げられている（『ようこそ回想法の世界へ』）。回想内容や回想時の言語表現についての記録が、ごく一部であることがわかる。

民俗学での聞き書きは、前述したように言葉から民俗事象を理解することを目的としているため、語られた言葉を文脈に沿って正確に記録するメモ（民俗学ではフィールドノートという）は必要不可欠である。しかし回想法では、言語以外に関心が向けられているため、特別にメモをとる必要はない、ということなのかもしれない。いずれにせよ、メモをとる、とらない、という行為からだけでも、民俗学での聞き書きと福祉における回想法とは、考え方がまるで異なっていることがわかってきたのである。

●テーマから逸れてはいけない？

ところで回想法では、一クール六〜八回を行うことが基本とされ、事前に一クール全体の流れを考慮したうえで各回のテーマを設定し、テーマに沿った話を引き出すための道具などを準備してお

くことが必要だとされている。一クール八回の場合、一回目「ふるさと」、二回目「昔の遊び」、三回目「学校」、四回目「結婚」、五回目「子育て」、六回目「仕事」、七回目「お正月」、八回目「今、やりたいこと」といった具合に、時系列的テーマのなかに非時系列的テーマを盛り込んだ形がよく用いられるようだ（前掲書）。

ところが、話をし始めると、あらかじめ設定したテーマから内容がどんどんと外れていくのが実際である。勉強会のときにも、ある施設の職員から、「回想法を行うといつもいつの間にか話がテーマからどんどんと逸《そ》れてしまうのですがどうしたらよいでしょうか」という質問が出された。それに対して私は自分の経験から、「テーマから外れたところで興味深い話が聞けることもあるから、それはそれでいいのではないでしょうか」と発言した。ところが間髪をいれずに、「それはだめです。テーマから逸れたら、なるべく話をテーマに沿うように戻しましょう」と講師から指導が入った。その理由は次の通りである。

ひとつ目は、せっかくそのテーマで話をしようと考えをまとめて待っている参加者が、急にテーマから話題が逸れてしまったらついていけずに戸惑ってしまうから、ということ。ふたつ目は、テーマは事前に一クールの展開のなかで設定されたものであるから、ひとつでもテーマが変わってしまったら、全体としてまとまらなくなってしまう、ということであった。実は、講師から説明されたこの二つの理由は、図らずも回想法の特徴とその限界を物語っているように思える。

まずひとつ目の、テーマから逸れると話題についていけない参加者が出てしまうという指摘。これは、従来の回想法では、一対一で行う個人回想法よりも、集団で行うグループ回想法に重点が置かれてきたことと関係している。グループ回想法は、「グループの力が発揮しやすい」六〜八名が望ましいとされている。メンバーは「回想法に適している」お話が好きな人、中軽度の認知症の人、新しく通い始めた人、人の動きをじっと見ている人、居心地のよさを感じている人などを基準に事前に選んでおき、なるべく一クール固定しておく。

ここでいう「グループの力が発揮しやすい」とは、同じような体験を語り合うことで共感し合ったり、他人の経験を聞くことで刺激されたり、同調したりすることで仲間意識が生まれる、という意味である。その人数が六〜八名とされているのだが、それだけの人をまとめていくためには確かにテーマをひとつに絞る必要がある。

また、「回想法に適している」（というより、そのグループに馴染《なじ》みそうなと言うべきか）人をメンバーに選ばなければならない。しかしそれだけお膳立てしても、六〜八名がひとつのテーマに沿って話を展開することはとても困難な作業である。一人ひとりに高度なコミュニケーション能力が求められるし、自己のかなりの部分を抑制して話すことが強いられるはずだ。

たしかに、同世代や共通体験をもつ人々が集まって話をすることは、互いに共感しやすく、一定の満足感も得られるだろう。しかし、テーマの枠外に逸脱するのを否とされることによるストレスは大きいだろうし、またさらに言えば、メンバー同士の深い関係性が築かれていなければ、本当のところ互いに胸襟を開いて話をすることはないだろう。

こうした問題は、利用者と職員とが一対一で行う個人回想法によって解決されるように思われる。しかし現場では個人回想法を導入することに対して消極的だし、たとえ導入したとしても慎重に行うことが求められ、個人的な事情をあまり深追いしてはいけないとされている。その理由を講師は、深追いすることで対象者が動揺したり不穏になったりする危険性が高いからだと説明し、そのあたりは精神科医やカウンセラーなどの専門家に任せればよいと言い切った。精神科医やカウンセラーとは別に、身近に接している介護士に対してだからこそ利用者が話せること、話したいこともあるだろうと私は思うのだが。

●高齢者は評価される対象なのか?

ふたつ目の「一クールのなかでテーマが展開されるべき」という指摘の背景には、回想法によって何らかの効果が上がると前提視されていることがある。効果とは具体的には、発語量が増えた、表情が豊かになった、物事に対する集中力が出てきた、認知症の周辺症状が軽減したなどといったものである。

そうした効果を〝客観的〟に明示するために、回想法では一クールの開始前と終了後に評価を実施することが理想的だとされている。評価法は、長谷川式等のテスト法よりも、NMスケール(N式老年者用精神状態尺度)、N-ADL(N式老年者用日常生活動作能力評価尺度)などの行動評価法が適していて、回想法を行うことによって行動評価の点数が上がる場合が多いという。一クールのなかであらかじめテーマ展開が設定され、それから逸れることをよしとしないのは、いうなれば、回想法によって利用者の行動についての評価点を最大限向上させるためだ、ということになるだろう。

しかし、私は利用者の行動を評価しようとする考え方自体に強い違和感を覚える。そもそも回想法の目的は何であるのか。日本における回想法の普及に尽力してきた黒川由紀子はこう述べている。

「回想法とは、高齢者の過去の人生の歴史に焦点をあて、過去、現在、未来へと連なるライフヒストリーを傾聴することを通じ、その心を支えることを目的とする技法である」(『認知症と回想法』)。

つまり、その歩んできた人生についてお話を聞くことが、今を生きている高齢者の心を支えていくことになる、というのが回想法の基点にある考え方なのである。高齢者の回想は過去への執着や老化のサインとして否定的にみなされてきた介護や看護の現場に対して、そうした回想を積極的に促し、傾聴することが高齢者の心身のケアにとっていかに重要かを訴え、実践してきた点で、黒川の指摘の意味は大きいと言えるし、私もそれに共感を覚える。しかし、だからこそ、利用者の今の生き方(行動)は評価されるべき対象ではないのではないか、と思えるのである。利用者の心を支えるためには、利用者の今を受容することが必要だからだ。

評価されないのであれば、客観的な効果は求められないのであって、したがって一クールを前提としたテーマ設定に縛られる必要はなくなる。八十年も九十年も生きてきた人々の人生を、あらかじめ設定された枠組みのなかで受け止めることなどできるはずがない。回想法は、利用者個々人に合わせてもっと柔軟に、そして自由に形を変えていくべきではないか。

だが、この点にこそ回想法の最大の限界が浮かび上がる。すなわち、黒川の言葉におのずと明示されているように、回想法とは「技法」なのである。多くの介護士や看護師、臨床心理士等がこの技法を使えるようにと、回想法を普及するために各地につくられたグループや研究会等がそれぞれ方法論を次々と具体化、詳細化していったのである。今回私が批判的に挙げたものは、私の参加していた勉強会の特徴なのかもしれないが、勉強会でのテキストでは、具体的な問題への対処法をQ&Aで述べていて、回想法を各自施設で実施しようとする場合は、提示された方法論にとりあえず従ってみることを求められた。

高齢者の心を支えるという目的を掲げた回想法は、一方で誰でもそれを活用できるように方法論化が進んでしまったがゆえに、実際の現場で行われる際に、目の前にいる利用者の多様で複雑な人生を見据えるまなざしを曇らせてしまうことにもつながってしまったのではないだろうか。私は、こうしなければならない、こうしてはいけない、と言われたとたんに、面白さを感じられなくなる。だから、「私がしたいのは回想法ではない」と宣言しなければならなくなる。

● 非対称的な関係の現実

では、私の模索する「介護民俗学」は、回想法とどう違うのか。いくつも頭の中に思い浮かぶものがある。だがここではひとまず二つだけ示しておきたい。

まずひとつ目は、回想法には「驚き」が欠けているということである。それは当然の結果である。聞き手が設定したテーマの枠内で、決められた方法によって話を聞いても、予定調和的な内容しか出てこないからだ。「驚き」がなければ、「面白さ」も薄れていくだろう。だから、勉強会の最終日にのっけから「困ったことは？」などという問いかけができるのである。

私は、利用者への聞き書きにいつも「驚き」を感じる。話の展開のなかでこれまで聞いたことがないような職業の経験者であることがわかったり、こちらが予想もしなかった人生を背負って生きてこられた方であることを知ったり、あるいは、利用者がふと見せる行動にその方の生活史ばかりでなく時代が見えてきたりする。そんなとき、私はたまらなく心が躍るのである。それが「介護民俗学」を模索しようとする私のいちばんの動機づけになっている。そして、おそらく介護を行う際にも「驚き」が重要なキーワードになってくると考えられる。その点については、終章で論じたい。

回想法と異なる点としてここでもうひとつ指摘しておきたいのは、利用者との関係のあり方である。すでに指摘したように、回想法では実施前後に利用者の行動評価がなされる。それは、回想法を実施することによって、利用者の心が安定したり、コミュニケーション能力が向上したり、あるいは維持していくことを目的としているからである。

回想法に関わる職員は、そのような利用者の状態の変化を促す役割を担うことになるのだが、その場合、利用者と職員とはどのような関係にあるだろうか。回想法のテーマを設定したり、方法や回数を決めて計画的に回想法を行おうとする介護職員と、回想法に参加する利用者は、回想法により利用者の行動の変化を「促す側」と「促される側」という関係にあると言える。より率直に言い換えれば、回想法という知識と技法を持って相手の行動の変化を「促す側」は、知識と技法を持たない「促される側」に対して優位に立っていると言えるだろう。

実は、これは回想法に限られたことではなく、介護とかケアといった場では、介護職と利用者とのあいだに常にそうした優位－劣位の関係性が生じてしまう。そもそも介護やケアという行為自体にそうした関係性が内在されているのである。たとえば『社会福祉用語辞典』（中央法規出版）で「介護」「ケア」を調べてみると、次のように定義づけられている。

「介護」は、身体的・精神的障害のために日常生活に支障がある場合に、日常生活行動の介助や身の回りの世話をすることを言う。

「ケア」は本質的に、気遣うことをして、その人の願っているように助ける、愛をこめて注意して見守り、必要あらば保護したり、助けたりする、という意味がある。介護における行為も、本質的に「ケア」という言葉に込められている意味によってなされる行為である。

すなわち、介護やケアは、日常生活において支障がある者の世話をしたり、助けたりすることを

いうのであり、助ける側と助けられる側といった非対称的な関係のうえで成り立つ行為なのである。介護やケアを専門とする職業の者との関係であれば、なおさらその非対称性は際立っている。介護やケアの専門的知識と技術を持っている助ける側は、助けがなければ日常生活が送れない助けられる側に対して必然的に優位の立場にいることになる。

それは介護保険制度のもとで措置から契約へと変わったとしても、あるいは専門職の倫理や態度として、利用者の尊厳を維持したり、利用者本位を尊重したりといったことを心掛けても、現実の介護の場においては免れることはない。なぜならば、実際にそこに助けを必要とする利用者がいるからである。食事をする際に介助がなければ食べられなかったり、排泄の際にオムツ交換が必要だったり、ベッドに横になるのに車椅子からベッドへ介助による移乗が必要だったりするからである。

そうした助けを必要とする利用者に、必要とされる介助をするのが私たち介護の専門職である。だが一方で、介護される側に立って考えたとき、非対称的な関係が介護の現場で固定されてしまうことに、私は少なからず不安を覚える。常に介護される側にあるという状況を、利用者はどのように受け入れているのだろうと。

●「教えを受ける」

では、民俗学の聞き書きの場での、調査者と調査対象者との関係はどうだろうか。

調査を目的とした聞き書きにおいては、調査する側と調査される側とは、調査する側が一方的に情報提供を求めるという点でそこには権力関係が発生していると言えるし、大学教員や研究者といった権威づけられた者による調査や聞き書きが対象社会や文化に何らかの影響を及ぼすことは免れないといった点において、調査者の権力性に対する自己批判も学界で繰り返し行われてきている。

だが、私が経験的に思うのは、調査者と調査対象者（民俗学での言葉でいえば話者）との関係は、実際の聞き書きの場においては、対等、もしくは関係が逆転することは大いにありうるのではないだろうかということである。

たとえば民俗学者の新谷尚紀は、「民俗調査論」のなかで、聞き書きにおける調査者と調査対象者との関係を比喩的にこう述べている。

一方的に贈与を受け続ける調査者とは乞食《こつじき》にほかならない。情報の贈与者（被調査者）は被贈与者（調査者）に対して無報酬の贈与を行い続けているのであり、被贈与者（調査者）は常に社会的劣位に置かれ続ける存在となる、のである。（『講座日本の民俗学11 民俗学案内』）

「乞食」とは、信仰、儀礼を専門とする新谷独特の言い回しであるが、泥臭く地を歩いてきた民俗学の調査者の多くが、自身の聞き書きの場面で同様の感覚を覚えてきたのではないかと思う。

また、こうした民俗学の聞き書きにおける話者との関係については、民俗学という学問の特徴からも言えそうである。というのも、民俗学の研究対象となるのは、特別な知識や技術ばかりでなく、むしろ生活全般にある。しかも、聞き書きによって過去の民俗事象や生活史を明らかにしようとするのが民俗学であるから、生活歴が長い高齢者ほど、多くの経験と民俗的知識のある、調査者にとってはありがたい話者となるのだ。

だから聞き書きの場では、アカデミックな知識はあっても、実際の経験やそれに基づく民俗的知識を持っていない調査者と、それらを豊富に身に付けていて、それについての記憶を語ってくれる高齢の話者（かつて、民俗学者の多くが話者のことを「古老」と呼んでいたことにも関係するか）との関係は、話者が調査者に対して圧倒的に優位な立場にあると言えるだろう。第三章で引用した野本寛一の言葉通り（九八頁）、調査者は、まさに話者に「教えを受ける」。それが聞き書きなのである。

民俗学的アプローチにより介護の現場に関わっていこうと試みる介護民俗学においても、私はこの「教えを受ける」という関係性のもとに、利用者への聞き書きを行っているつもりだ。そうした聞き書きの場の関係性が、介護の現場で持つ意味とはどのようなものか。次節から具体的なエピソードでそれを考えてみたい。

人生のターミナルケアとしての聞き書き

聞き書きの依頼

デイサービスで仕事の一環として聞き書きを始めてから半年がたったころだったろうか。施設に入所しているある女性利用者についても聞き書きをしてくれないか、という依頼を入所施設のケアマネジャーから受けた。

私はカンファレンスに立ち会った。それによると、こういうことだった。

昭和三年北海道生まれの武藤春子さんは、体中の痛みを一日中強く訴える。痛み止め薬でその痛みを和らげているが、心臓病の悪化等もあり、特に夜間になると自分の将来や家族についていろいろと考えてしまい眠れないことが多く、ナースコールを頻繁に鳴らすようになっている。夜勤者はそのたびに居室を訪れ春子さんの話を傾聴するが、話し始めると長時間にわたるため、他の利用者への対応に支障が出てくることもある。また、生きていてもつらいことばかりなので、早く死んでしまいたいと訴えることも頻繁である。農家に嫁いで慣れない仕事で苦労したことや、ご主人との関係でも大変だったことなどしばしばケアマネジャーや職員に話してくれるが、それを六車さんがデイサービスでやっているようにもっと丁寧にじっくりと聞いてあげることで、少しでも現在の痛みや苦しみが紛れればありがたい——。

そのときはまだデイサービスの職員であった私は、日常的なケアに関わっていない入所の利用者の聞き書きがうまく進められるかどうか多少の不安はあった。それでも、そういう依頼を受けるというのは聞き書きの仕事が施設からその必要性を認められている証だと思い、快く引き受けたのであった。

●それはドブロクから始まった

ケアマネジャーからの依頼があってから二日後の午後に、私は二階フロアに入所している春子さんを訪ねた。私が挨拶をすると、初めて見る顔に警戒心を露わにしながらも、私がドブロクの話を聞きたくて会いに来るのだとケアマネジャーから聞いていたと教えてくれた。どうやらケアマネジャーは、春子さんが以前自分の家でドブロクをつくっていたと話していたことと、私が他の利用者から聞いたドブロクの話を記録に残していたのとを結び付けて、話のきっかけとしてドブロクを持ち出したようなのだった。

「あんたドブロクのことを知りたいの？　変わってるねえ」

と、かなり訝しげな表情で春子さんは私と向き合った。そして間もなく雄弁に語り出したのである。

春子さんの実家の父親は、いつもドブロクをつくっていた。当時は酒税法が厳しくて抜き打ちで役人が来てはドブロクをつくっていないか検査していった。なので父親は、便所の隣に穴を掘ってそこにドブロクの瓶を隠しておいたそうだ。そこなら酒の匂いも紛れるので、見つかることはまずなかったという。

嫁ぎ先でも、舅がドブロクをつくっていた。舅のつくるドブロクはものすごくおいしかったという。嫁ぎ先は農家で、広い畑を起こすために馬を三頭飼っていた。その馬には冬のあいだも草を食べさせなければならない。秋までのあいだに牧草を大量に刈っておいて、それを倉庫に詰め込んで保存しておく。その牧草の下に大量のドブロクの樽を埋めておいたそうだ。自分たちがすぐ飲む分については、馬糞を置く場所の横に穴を掘って、箱に入れて保存しておいた。

役人が検査に来たとき、ドブロクをつくっているかと聞かれたが、舅も春子さんも知らぬ存ぜぬで通した。役人がいくら探してもドブロクは見つからなかった。ところが、ドブロクそのものは見つからなかったものの、台所にドブロクをつくるときの道具があるのを見つけられてしまった。ドブロクを濾過するための笊《ざる》や瓶、桶などである。突然検査に来たので、舅もそこまで片づける余裕がなかったのだ。

証拠が見つかってしまっては、もう言い訳しても無駄だった。舅は畑仕事に行っている間につかまってしまった。春子さんのところにも役人がやってきて、「あんたも一緒に住んでいるんだからドブロクをつくっているのを知っているだろう」と聞かれたが、「家事もして畑仕事もして子どもも育てているのに、そんなこと見ている余裕がどこにある」と逆に怒鳴ってみせたという。そうしたら役人もそれ以上は言えなかった。舅は人がよくて、役人に対して、あんたたちも一杯飲むかなんて暢気なことを言っていた。

春子さんは子どもたちに向かって「検査が来た！　と村の人たちに知らせてこい。子どもだから役人に尋問されることもないと思うけれど、もし聞かれてもトボケけなさい」と念押しした。どこの家でドブロクをつくっているのかはみんな知っていたので、子どもたちも走って知らせに行ったそうだ。

結局、役人は武藤家で押収したドブロクづくりの道具を持っていった。そして、つくったドブロクも全部提出するようにと言い残していった。舅は仕方なく全部を提出したが、どうせ持って行った酒は奴らが飲んでしまうに違いないと呟いていた。

舅のドブロクは、誰のつくったものよりもおいしかった。春子さんも子どもを産む前に飲んだことがあるが、うまくてその味は忘れられないという。春子さんの弟が嫁ぎ先に遊びに来たとき、騙されたと思って飲んでみろと嫌がるのを無理やり飲ませたところ、弟もうまいと感激していた。ドブロクが発酵するときにサッカリンを入れると味が断然よくなるのだそうだ。

舅は大酒飲みでいくら飲んでも平気だった。来客があると煮干しをおつまみにして必ずお酒を勧めた。日に何人も来客があると舅は一人で接待しているので大変だった。豆買いさんにもお酒を出した。豆買いさんというのは、農家が組合に出荷した後にまだ残してあるいろいろな種類の豆を買いに歩く仲買人だった。組合に出荷すると農家は借金ばかりだが、豆買いさんは高く買ってくれた。

だがある日、舅が突然入院したことがある。舅が仏壇にお酒をあげたままにして入院してしまったら、気づいたら半分ぐらい水分が蒸発していた。それでトロトロになっていたので春子さんはちょっとなめてみた。そうしたらそれがすごく甘くてまるで蜂蜜のようだったそうだ。だから、お酒ではあるけれど、舅のつくるドブロクは相当な糖分が含まれていたということになる。

ドブロクのほか、お酒は何でも飲んだ。春子さんの子どもたちも旅行に行くたびに舅のためにお酒をお土産に買ってきていた。それを舅は二階の押し入れに入れておいて、一本ずつ開けて嬉しそうに飲んでいたという。

舅はお酒の飲み過ぎで肝臓を悪くして何度も入院した。退院するときに医者にはもうお酒は飲まないようにと注意されていたが、退院してはお酒を飲み、また入院するということの繰り返しだった。

舅は最期までお酒を飲んでいた。もう自分で飲めなくなっても、脱脂綿にお酒を浸して唇につけてあげると、それをおいしそうになめていた。本当の最期の最期にはそうやっても首を横にふった。もう十分に飲んだということだったのだろう。舅は、少しして眠るように死んでいった。

こんな具合に春子さんはほぼ二時間ノンストップで話をしてくれた。ドブロクをつくる村人と税務署の役人との駆け引きは、以前に東北のいくつかのムラでも聞いたことがあるが、春子さんの迫力ある話しっぷりに、私はまさに役人と舅そして春子さんとの攻防を目の前で見ているような臨場感さえ覚えた。

だが、こちらが相槌を打つタイミングもないくらいの勢いで二時間続けて話をされ、私は春子さんの話を必死で書きとめながら、だんだん頭がくらくらしてきた。聞いている私がそうなのだから、春子さんのほうがもっと疲れたに違いない。二回目の聞き書きのとき、春子さんは私を見るなり、「ああ、もう勘弁して」と実に嫌そうな顔をしたのである。ところが、そう言いながらも、その日も春子さんは二時間みっちりと話をしてくれたのであった。

●運命を生き抜く

春子さんのもとには毎週一回は通い、話を聞かせてもらった。私が顔を見せると春子さんは、「また来たのか、あんたに話すことはもうない」と悪態をつくこともしばしばだった。ときには体の不調を訴えて次回に延期することもあったが、最初のときと同様に話し始めるとその勢いは止まらず、ときには三時間近くに及ぶこともあった。

ドブロクから始まった聞き書きの内容は、その後、多岐にわたった。継母に厳しく育てられたことや、子どものころに大病を患い生死の境をさまよったこと、大家族の農家に嫁いだので朝から晩まで畑仕事や家事に追われて働きづめだったこと、そのため体調を崩し、意を決して静岡に引っ越してきたこと、そして長いあいだご主人の看病をして看取ったことなど語ったのであった。

とりわけ私が聞き入ってしまったのは、春子さんが結婚した直後に、嫁ぎ先でご主人の兄の娘佳代子さんを養女として育てていくことになった経験である。義兄は戦地で肺病を患い、帰国してからすぐに亡くなってしまい、その妻は二人の娘を残して実家に戻ってしまった。なので春子さんが二人を育てることになったのだが、間もなく長女のほうが消えるように亡くなったという。

息をひきとったとき、ドドドという音が天井に響いた。舅は、「政男（義兄）が迎えに来たんだ」と叫んだ。というのも、義兄が亡くなるときに、二人のうち一人を連れに来る、と言い残していたのだそうだ。春子さんは本当に義兄が自分の娘を連れに来たように思えて、とても恐ろしかったという。

そうしたこともあったし、また、一切の愛情はなくただただ厳しく育てられてきた自身の継母への複雑な思いもあり、春子さんは残された養女の佳代子さんを自分の子ども以上に大切に育てたという。ただ可愛がるのではなく、叱るときには厳しく叱った。でも、佳代子さんも春子さんの思いをわかっていたのか、優しく闊達な子に育ち、今では春子さんと姉妹のように仲がいいという。

自身も継母に育てられ、そして結婚してからは養女を育てることになった運命を、懸命に、そして誠実に生きてきた春子さんの生き方が、同じ女として格好よく思えた。また、血のつながりのない親子関係というのが、かつての親子の在り方としてとりわけ特別ではなかったということもわかってきた。

春子さんは聞き書きを始めてから約一か月半後、心不全で緊急入院した。一か月の入院生活の末、施設に戻ってきた後は体力の衰えが著しく、あれほど食べることが好きだったにもかかわらず、自分で食べることもままならなくなり、居室で職員が食事介助をしてやっと食べられるような状態になっていた。したがって以前のように長時間話をすることは難しい。実際に話をしても、語られる言葉は以前のように明瞭ではなく、記憶にも混乱が見られるようになった。

私は、春子さんの体調が回復するまで聞き書きを休み、それまでの聞き書きを『思い出の記』としてまとめる作業に入ることにした。そのことを春子さんに伝えに居室を訪ねると、春子さんは今までになく力なく「よろしくお願いします」と言ったのだった。

それから半年後、春子さんの容態は悪化していき、介助をしても食事をほとんどとれなくなっていった。ご家族と、そして何よりも本人の強い希望で、経管栄養の選択はせずに、施設でターミナルを迎えることになった。

年を越せるかどうかわからないとケアマネジャーから伝えられた私は、とにかく春子さんの『思い出の記』の完成を最優先にして取り組んだ。ようやく完成した『思い出の記』を手に居室を訪れたときにはすでに意識も朦朧としていたが、それでも春子さんはそれを手にして「ありがとう」と言って涙をこぼしたのだった。そして、頻繁にお見舞いに訪れていた息子さんに『思い出の記』を見せて、息子さんが耳元でそれを読むのを嬉しそうに聞いていたと、後でケアマネジャーから聞いた。春子さんは、その数日後、静かに息をひきとった。

●気丈さと自信を取り戻すとき

ケアマネジャーからの依頼で始めた春子さんへの聞き書きであるが、いったいあれでよかったのかと思うところも多い。聞き書きを始めたことで、春子さんが夜間にナースコールを頻回に鳴らすことがおさまったわけではなかった。体の痛みについては、聞き書きの最中は集中しているためか痛みや苦しみを訴えることはほとんどなかったが、それ以外の時間帯については以前と変わらず春子さんは痛みや苦しみに悩まされていたし、職員に対する、苦しい、死にたいという訴えも変わらず続いていたという。

それればかりか、聞き書きの際、私は一度も春子さんに快く受け入れられたことはなかった。私の顔を見るといつも露骨に「またあんたか」という表情を浮かべていたし、聞き書きが終了し礼を述べて、次回の約束をすると、いつも「いいけど、そのときになってみないとわからない」という言葉を残してそそくさと居室へ戻ってしまうのであった。春子さんの痛みや苦しみを少しでも軽減し、心の安定へとつなげるという当初の目的に対しては、聞き書きは効果のあるものではなかった。そう言えなくもない。

では、聞き書きの場における春子さんと私との関係はどうであっただろうか。それに関して、最近ケアマネジャーから興味深いことを聞いた。

実は春子さんは、施設のなかで最も信頼しているケアマネジャーと話をするときには、私のことを「先生」と呼んでいたそうなのだ。聞き書きの様子をケアマネジャーが尋ねると、春子さんは「先生に今日来てもらってたくさん話せてよかった」とか、「今度先生が来るのは金曜日だ」とかいったことを嬉しそうに話していたというのである。私に対して直接「先生」と言ったことは一度もなかったにもかかわらず。

それを聞いた私は、春子さんが聞き書きを楽しみにしてくれていたのかと少しほっとする一方で、私の顔を見るなり、いつも嫌そうで無愛想な表情を浮かべていた春子さんとのギャップに驚いた。

聞き書きをしているときは、春子さんの語りに圧倒されつつ、手は絶えず動かしてメモをとり、頭の中は次から次へと繰り広げられる春子さんの人生物語を整理するので精一杯だった私は気づかなかったのだが、今から思えば、春子さんは聞き書きのときだけは、家族を支えて一生懸命生きていたころの気丈さと自信を取り戻していたのかもしれない。ドブロクのことが知りたいという風変わりな職員がいて、何やら熱心に勉強している。体も痛いし苦しいが、せっかくだから波乱万丈の自分の人生や経験について聞かせてやろう。そんな気持ちで私に話を聞かせてくれていたのではないだろうか。

私のほうも、初めこそケアマネジャーからの依頼を受け、春子さんの心の安定につながっていくことを目的としていたものの、聞き書きを始めたとたんに民俗研究者の好奇心が刺激され、春子さんの語りを夢中になって書きとめていたのである。そうした聞き書きにおける私と春子さんとの関係は、民俗調査での聞き書きの調査者と話者との関係になぞらえれば、まさに「教えを受ける側」と「教えを与える側」だったと言えるだろう。

●広義のターミナルケアと聞き書き

春子さんへの聞き書きと『思い出の記』の作成は、結果的に春子さんのターミナルケアにつながっていったのかもしれない。このケースばかりでなく、私が老人ホームで働き始めてからこれまでのあいだにすでに何人もの利用者との別れを経験している。前日までは元気にデイサービスやショートステイを利用していたのに翌朝には動脈瘤破裂で急死した方、腎臓を長いあいだ患った末に悪化して亡くなった方、脳梗塞の再発により長期入院の末に再び施設に戻ることなく病院で亡くなった方など、さまざまである。

また、病気の悪化や転倒による骨折などで病院に入院してしまったり、他の施設に入所したりして、去っていった方もいる。あるいは、入院後施設に戻ってきたものの、それまでの状態からずいぶんと変化してしまったというケースもある。

たとえば、これまで雄弁にご自身の人生について語ってくれていた利用者が、心不全で倒れ二か月近く入院して施設に戻ってきたがほとんど寝たきりの状態になり、体調のよいときに話してくれることも脈絡のないものになってしまっているということがあった。重度の認知症ではあったものの、元気よく施設内を歩いたり、器用に箸を使って食事をしていた利用者が、肺炎のため一か月入院し、施設に戻ってきた後には、自分では歩くこともままならず、食事も介助なしにはできなくなってしまったということもあった。

高齢者の介護施設なのだから当たり前といえばそうなのだが、それでも利用者の入れ替わりの激しさや、利用者の状態の変化の大きさを目の当たりにすると、自分が関わっているのが死と隣り合わせの現場であることを実感させられる。そういう意味では、高齢者介護とは、広い意味での

〝ターミナルケア〟と言えるだろう。いずれも何らかの心身の疾患をかかえ要介護認定を受けて施設に入所もしくは通所している方々であることからすれば、いつ病状が急変するかもわからないし、また急逝するかもわからない。利用者はそんな死の淵にいるのが現実なのである。したがって介護の現場での聞き書きも、そうしたターミナルケアとしての意味も必然的に持つことになる。

そこで、あらためて聞き書きにおける関係性をターミナルケアと関連づけて考えてみると、こう言えるだろう。介護の現場での聞き書きは、心身機能が低下し常に死を身近に感じている利用者にとって、一時的ではあるが、弱っていく自分を忘れられて職員との関係が逆転する、そんな関係の場なのであると。それは、同じように利用者の話を聞く臨床心理士によるカウンセリングとも、社会福祉士による相談援助とも異なる関係性である。カウンセリングは利用者の心の安定をはかろうとする目的を持ち、相談援助は利用者の抱える問題の解決を目的としており、いずれの場合も関心の矛先は利用者の変化に向けられている。そうした目的と関心のもとでは、話の聞き手のほうが専門的知識を持って利用者を教え導く役割を果たさざるを得ない。

しかし、介護民俗学での聞き書きは、利用者の心や状態の変化を目的とはしない（というより変化を指標にしたらおそらく「聞き書きは効果なし」という結果しか得られないだろう）。聞き書きでは、社会や時代、そしてそこに生きてきた人間の暮らしを知りたいという絶え間ない学問的好奇心と探究心により利用者の語りにストレートに向き合うのである。

そこでは利用者は、聞き手に知らない世界を教えてくれる師となる。日常的な介護の場面では常に介護される側、助けられる側、という受動的で劣位な「される側」にいる利用者が、ここでは話してあげる側、教えてあげる側という能動的で優位な「してあげる側」になる。その関係は、聞き書きが終了し日常生活に戻れば解消されてしまう一時的なものではあるが、そうした介護者と被介護者との関係のダイナミズムはターミナル期を迎えた高齢者の生活をより豊かにするきっかけとなるのではないか。そう思えるのである。

生きた証を継承する
──『思い出の記』

●人々の記憶を保存し、継承する

介護の現場における聞き書きは、介護職員と利用者との固定された優位−劣位の関係を一時的に逆転させ、それが利用者の自信を回復させることにつながるのではないか。聞き書きの意味を、関係性からそのように論じてきた。ここではさらに、民俗学的アプローチによる介護現場における聞き書きについて、民俗学が研究におけるひとつの大きな目的としてきた、民俗伝承に関わる人々の記憶の保存と継承という点に関連づけて考えてみたい。

そもそも民俗学は、近代化が進行し人々の生活スタイルが変化していくなかで、それぞれの地域で伝承されてきた民俗文化が失われてしまうことへの危機感から進められてきた学問である。かつて暮らしのなかで使われてきた道具を民具として博物館で保存したり、伝承者の少なくなりつつある民俗芸能を無形文化財に指定して保存しようとする取り組みは、民俗学における保存と継承のわかりやすい例である。

だが、民俗学が保存し、次世代に継承していこうとするのは、民具や芸能ばかりではない。大きく言えば、民俗伝承全般に関わる人々の記憶を掘り起こし、それを民俗資料として保存し、継承していくのが民俗学の役割だと言えるだろう。したがって聞き書きも、話者の言葉を書きとめ民俗誌にまとめることにより、その記憶を文字として保存していくことになるし、後の研究者にとってはそれがひとつの民俗資料になっていくのである。また現在においては、民俗研究者による民俗誌が、地域の失われた民俗文化を復活させる手がかりになっている例も多い。

では、介護現場における聞き書きはどうだろうか。

介護の現場が利用者にとって広義のターミナルケアだと自覚してからは、私自身、一回一回の利用者の語りがその方の人生にとっていかに重みがあるのかということを痛切に感じてきた。また、聞きっぱなしで終わりにせずに、語り手の存命中に形のあるものへとまとめることが、自分に課せられた大きな使命ではないかとも思えている。そのため、できる限り、お聞きしたものを『思い出の記』としてまとめ、利用者本人とともにご家族にも渡すようにしてきている。その『思い出の記』が、民俗学でいう保存と継承の役割を果たしているのではないかと思うのだ。
そうしたエピソードをひとつ紹介してみたい。

●利用者と協働してつくる『思い出の記』

加藤忠紀さん、大正八年生まれ。脳梗塞の後遺症として左上下肢のまひが残っていて、車いす生活を送っている。息子さんやお孫さんたちと同居し、週に三回ほどデイサービスを利用している加藤さんは、レクリエーションのときに大きな声で応えてくれるなど、ムードメーカーのような存在である。明るい加藤さんではあるが、ご自身の心の内では体の不自由さと家族に負担を掛けることへの負い目により、生きることに絶望感を抱いている。「俺はもう嫌だよ。こんなになって生きているのは」。それが加藤さんの口癖だった。

そんな加藤さんに対して聞き書きを始めたのは、施設で働き始めてから一年目の十月からだった。「俺の人生は戦争と農業だ。だから別に話すことはないなあ」と、躊躇《ちゅうちょ》していたのか照れていたのか最初は口ごもっていたが、戦争体験に触れたとたんに雄弁に語り始めた。

加藤さんは二十歳で静岡連隊に入隊してから終戦まで、貴重な青春期を最前線の歩兵部隊の軍曹として戦争に費やしてきた。開戦と同時に香港に上陸し占領した後、ジャワ島でアメリカ軍への夜襲攻撃を行って勝利し、そしてガダルカナル島の死守を命じられた。よく知られているように、ガダルカナル島は「餓島」と呼ばれ、飢えと病いと敵からの攻撃に晒《さら》されて多くの死者を出した死闘の地である。加藤さんはまったく食糧がないままジャングルの中をさまよった末になんとか島から脱出し、そしてラバウルを経由して日本に生還した。その後、陸軍海上挺身隊という爆弾を積んだボートによる特攻隊に選ばれたが、台湾で終戦を迎えたのであった。

戦争体験については以前にも、地域での聞き書きや施設の利用者への聞き書きのなかで断片的にうかがうことはあったが、ここまで何回にもわたって本格的に一人の方の戦地での体験を聞いたのは初めてだった。加藤さんは戦地の様子を実に詳細に覚えていて、生々しく語ってくれた。

ジャワ島でのことだ。基地に戻ったら捕虜が何人も後ろ手に縛られていた。上官は、やつらの背中を銃剣で突けと命令した。ワラ人形相手に何度も練習してきたが、誰も突くことができなかった。上官はそれじゃあ機関銃で撃てと命令した。一斉に撃った。次の瞬間捕虜たちがバタバタと膝が折れて倒れた。今でもその姿が目に焼きついている。

ガダルカナルのジャングルの中で何人もの仲間が死んでいった。大きなヤシの木にもたれかかって痛いよ痛いよと叫んでいる兵士があった。見るとその兵士の口にはたくさんのウジ虫がわいていていて唇の肉を食べていた。ウジ虫は唇とか鼻の穴とか皮膚の弱いところから入り込む。なんとも悲惨な光景だった。

加藤さんはときおり目に涙を浮かべながら、あるいは息を荒げながら、そして沈黙しながら、それでも語り続けてくれた。心の襞に溜まっていた記憶の澱《おり》もすべて吐き出してしまおうとしているようにも見えた。私はただただ加藤さんの語りに圧倒され、懸命にメモをとった。そして、太平洋戦争の歴史や地理をあらためて勉強しなおし、加藤さんの語りを時系列に並べ直して文章化し、歩兵部隊の行軍ルートを記した地図も作成した。また、書いたものを加藤さんに何度も確認してもらって、何か月もかかりようやく『加藤忠紀さん 思い出の記 戦争体験編』をまとめたのであった。加藤さんとの協働作業により、『思い出の記』は実に内容の濃い記録として完成したのだった。

●生きてきた証、家族をつなぐ

九月初旬、加藤さんのご自宅にうかがって、完成した『思い出の記』をご本人とご家族にお渡しした。加藤さんは、できあがったばかりの『思い出の記』のページを一枚一枚めくって同席していた孫娘に見せながら、「俺の宝だ」と言って目を赤くしていた。

次の利用日、加藤さんは頬を少し赤らめて私にこう言った。

このあいだもらったやつ、下の娘に見せたよ。そうしたら娘の旦那も読んでくれて、「お義父さん、大変な経験をしてきたんですね」って言ってくれたんだ。あいつは役場に勤めていて、今まで学のない俺のことを馬鹿にしていたと俺は思うんだ。だけどあれを読んで、少しは俺のことも見直してくれたみたいだよ。

在宅の利用者とご家族との関係は複雑でデリケートであり、私たち施設の介護職員にはなかなかわからないところがある。ご家族に囲まれて自宅で過ごしている加藤さんも、ご家族とのあいだに少なからずわだかまりを抱えていたのだった。もし、『思い出の記』がそのわだかまりを少しでも解いてくれたのであれば、これほど嬉しいことはない。

その数日後、今度は上の娘さんが施設に私を訪ねてきた。

昔から父親は戦争の話をよくしてくれていたんだけど、なかなか頭に入ってこなくて。でも、こうやって文章にまとめてもらったら、自分の父親がいかに過酷な人生を生き抜いてきたのか、と思います。やっぱり戦争を生き抜いてきた人は強いですね。こんなふうにまとめてくれて本当にありがとうございます。これを読んで父親の元気なころに撮った八ミリビデオがあることを思い出しました。それを探してみようと思います。

加藤さんも娘さんの横でうんうんと何度もうなずいていた。その顔は誇りと満足感に満ちているように見えた。

お聞きしたことをなんとか形にしたいと思い作成した『思い出の記』は、利用者と家族との気持ちをつなげるという、予期せぬ結果をもたらした。今から思えば、加藤さんは戦争体験を語るとき、私を通して家族の姿を見ていたのかもしれない。直接には語れない自分の最も深いところにある経験を、そして自分の生きてきた証を、生きているあいだに家族に伝えたい、そんな思いで涙を流しながら私に語ってくれたのだ。そして『思い出の記』を読んだ家族にはその思いが伝わった。

こうして利用者の記憶を保存した『思い出の記』を通して、利用者の人生が、そして生きてきた時代の歴史が、次の世代に継承されていくことになれば何よりである。

もちろん、すべての場合がこのようにうまくいくわけではない。『思い出の記』をお渡ししても何も反応がない家族もいるし、あるいは「事実」と異なるところを細かく指摘したうえで、義母の認知症がこんなに進んでしまったことを目の当たりにしてショックを受けた、といった感想を寄せてくれた家族もいる。家族の受け止め方は実にさまざまなのである。

だが、たとえそうでも、いずれはそれが利用者の思い出として、そして家族のルーツを知る手掛かりとして、積極的に読んでもらえる日がくるのではないか。そんなほのかな期待を私は持ち続けるよりほかはない。

喪失の語り
――そして私も語りの樹海《うみ》に飲み込まれていく

身体の喪失を語る

渡邉美智子さんは、歌を歌うのが大好きだという話をしたあと、唐突にこうつぶやいた。

歌を歌うことで私は死ななくていられたの。

私は予想外の言葉に一瞬たじろいだが、気を落ち着かせながら、そのまま美智子さんの口からゆっくりと発せられる言葉に耳を傾けた。
美智子さんは、昭和六年に山梨に材木屋の娘として生まれ、さまざまな経緯の末、静岡の布団屋へ嫁に来た。ご主人は機械で綿を打ち、美智子さんがその綿を布団に仕立てた。美智子さんはいろいろな布団屋をまわりながら独学で技術を習得し、そのおかげで店は繁盛した。ところが、機械を扱っていたご主人が癌を患って仕事ができなくなってしまった。家族で話し合った末、ご主人の代わりに美智子さんが綿を打つ機械を使うようになったのだった。慣れない機械の仕事は大変だった。

機械を使い始めて三回目だったかな。お父さんができないから、私一人で仕事をしていたの。そうしたら急に機械がガリガリ、ガリガリという大きな音を立てたんだよ。それで、あれ何だと思って、機械に近寄って覗き込んだのね。その瞬間、右手の指が機械に挟まってしまったの。それであっという間に右手全体が巻き込まれてしまって。うわーっと思ったんだけど、右手が使えないから機械を止めることができなくて。なんとか全身を使って必死で右手を引っ張ったら手首のところからひょいっと外れた。本当にひょいっとね。たぶんの手首の関節がはずれたんだね。それで助かった。血はものすごい出たよ。びっくりするほどね。でも、不思議なことにそのときは何も痛いとは感じなかったの。

美智子さんは右手首がない。それでも、食事のときなどは器用に左手でスプーンやフォークを使っている。ただ、右耳に補聴器をはめるときは不便そうだ。利用開始前のフェイスシートには右手の欠損の理由に「事故」と書かれていたが、それ以上の情報はなく、また職員もそれについて触れることはなかった。というより、利用者の負の記憶には触れてはいけない、という介護現場の暗黙の了解のもとに、あえて触れないようにしていたというのが正直なところかもしれない。ところが、この日は何のきっかけだったのか、美智子さんのほうから手首の喪失の記憶について語り出したのであった。

「こんなこと恥ずかしくて今までは話したことなかったんだけど……」

美智子さんはそう言うが、その語り口は淀みなく、しかもリアリティたっぷりの表現であり、私はその話に一気にひきこまれていった。

さらに話は続いていく。美智子さんが失ったのは右手首だけではなかった。美智子さんが一命をとりとめて入院しているあいだに、ご主人が事故のショックで食事がまったくとれなくなり、容態が急激に悪化してしまったのだ。ご主人はやせ細り、顔色も悪くなった。お見舞いにきた様子を見て、美智子さんはご主人を説得して入院させた。病院ではあと半年しかもたないだろうと言われたが、それよりももっと短く、十日余りで亡くなってしまったという。入院中であった美智子さんは、仮退院をして葬式に出た。本当はまだ入院治療が必要だったのだが、そのまま病院に戻ることはなかった。

右手とご主人という、美智子さんにとって大切なものを一気になくしてしまった絶望感はどれほどのものだっただろう。美智子さんは生きる希望をすべて失って死のうとしたという。

伊豆の崖っぷちに行ったたし、それから富士の樹海にも行ったりしたよ。死にたくて死にたくて。こんな体になっちゃったから死ぬしかないと思った。もう仕事もできないし、お父さんもいないし。なんで生きていなきゃいけないのかなとね。でもね、どうしても死ぬことができなかったんだよ。崖の上から下をのぞいてね飛び込もうと思ったの。だけど途中に木が生えているでしょ、そこにひっかかって死ねなくて結局生き恥をさらすことになるのではないかと思うとね。どうしても死ぬことができなかった。

生き恥をさらしたくない、だから下手な死に方はできない、というのは、ぎりぎりのところで自死を思いとどまった人のリアルな感覚なのだろう。私は息を飲んで美智子さんが発する言葉に聞き入りながら、涙が流れるのを止めることができなかった。美智子さんはそんな私を覗き込んで、「あんたが泣くことじゃないよ」と少し呆れながらも、さらに話を続けた。

死ぬことを諦めた、もう生きるしかないと思ったという。そして生きる希望を持つために、いろんなことを試した。最初は、他人に勧められて押し花をやってみた。それはそれで面白くてがんばったが、額縁を買うのにお金がかかることもあって、二年間続けて結局やめたという。

その後に出会ったのが歌だった。三島市のカラオケセンターで歌を本格的に習い始めた。先生から浜北市にある歌手の養成学校の入学試験を受けてみろと言われるぐらい上達したし、とにかく自分の好きな歌をみんなの前で歌うのが気持ちよかった。

最初はね、右手がないことが恥ずかしくてさ。みんなが何だろうって手を面白そうに見るだろ。だから、見られないように見られないようにって、ポケットの中に隠してたんだ。だけどさ、気分よく歌ってたらさ、右手がポケットから勝手に躍り出てきてさ、腕を上にこうやって大きく上げてたんだよ。それからは右手を恥ずかしいなんて思わなくなったんだ。

そう言いながら、美智子さんは手首のない右手を天井に向けて思いっきり突き上げて笑っていた。

それからはさらに一生懸命に歌うようになった。昔の歌だけではなく、新曲が出るとその歌がはやる前にレコードを買ってきて、いちばんに覚えて歌った。負けん気が強かったから、と美智子さんは言う。どの歌手が好きだったのか尋ねると、歌手が好きというのではなく、歌がいいと思うと何でも買ってきて練習したと答えた。

カラオケの後は飲み屋に繰り出した。沼津や三島の飲み屋はほとんど渡り歩いたんだよ、と美智子さんは言う。手のけがをしたときにおりた保険金は、カラオケ代や飲み代にほとんどが消えてしまった。

「でも、悲しいときにも歌を歌い、楽しいときにも歌を歌い、歌のおかげで死のうなんて思わなくなった」と美智子さんは大笑いしていた。その屈託のない笑顔が印象的だった。

●絆の喪失を語る

右手の喪失のことをお聞きしてから一年近くたったある日、久々にじっくりとお話を聞く時間ができたので、私は美智子さんに山梨で育ったという子どものころのことをお聞きしたい、とお願いした。すると美智子さんは、「子どものころは本当に貧乏でみじめだったから今まで話なんてしたことなかったんだよ」と少しためらっていたが、しばらくすると口を開き、両親のことを語り始めた。

美智子さんの母親は、美智子さんが子どものころに離婚して家を出たという。父親に妾ができて、父親が母親を追い出したのだ。また、父親の母親に対する暴力もひどかった。母親はとてもきれいな人だった。だから、ちょっとでも母親が男の人と口をきいたりすると嫉妬して、背負子に背負った薪で殴ることもたびたびだった。そういうこともあって、母親は家を出たのだった。だが、幼い美智子さんにはそんな事情は理解できず、なぜ自分たちを捨てていったんだと、ずいぶんと母親のことを恨んだそうだ。

親に捨てられた子どもがいちばん恨むのはやっぱりお母さんだよ。それはお母さんのことが大好きだから、その気持ちの裏返しなんだ。


そう語る美智子さんの瞳は少し潤んで見えた。

母親は家を出た後に富士駅のすぐ近くにある旅館で仲居として働いていた。それは母親の親戚が経営する旅館だった。ある日、父親が「お前らの母親はあんな旅館でなんか働いていてみっともないから、連れて帰ってこい」と言って、お金を持たせて美智子さんと弟さんを富士に行かせたことがあった。

美智子さんはまだ小学校一、二年生のときだったから電車に乗るのも初めてだったし、ましてや富士に行くのも初めてだった。だから、弟とたった二人で電車に乗っても不安で情けなくて、「富士ってどこだろうねえ」と不安がっていた。すると同じ車両に乗っていた人が親切に「富士は終点だよ。私も富士で降りるから一緒に降りようね」と声を掛けてくれたりした。

そんな親切もあって終点で電車を降りて、なんとか旅館に着いた。玄関先に行くと、女将さんらしき人が「ヒサノ（美智子さんの母親の名前）、子どもたちが来たよ」と奥のほうへ大きな声を掛けた。すると母親が出てきた。母親は驚いた顔をしたけれども、やさしく「どうしたの、何の用？早くおあがりなさい」と旅館の中へと促してくれた。

私はね、そのお母さんに向かってさ、言っちゃったんだよ。「お父さんが、お母さんをうちに連れてこいと言ってお金をくれたんだよ。旅館なんかで働くなんてみっともないって言ってたよ」ってさ。お母さんは悲しそうな顔をしたよ、そのとき。だけどそれでも優しく、「おばあちゃんの具合が悪いから手伝っているんだよ。おばあちゃんの具合がよくなったら、家に帰るから、お父さんにはそう言っといて」って言ったんだ。そしてね、旅館の外へ連れ出してくれて、私と弟においしいものをたくさん食べさせてくれた。それから電車に乗せてくれたんだ。電車の中で、「お母さんになんてことを言ってしまったんだろう」ってものすごく後悔して、おいおい泣いてしまったよ。

そう語りながら美智子さんは目に涙を浮かべていた。私も涙で手元のメモが見えなくなっていた。美智子さんはその後生きているうちには一度も母親に会うことはなかったそうだ。自らが望まないうちに親子の絆を喪失してしまった美智子さんの悲しみは深い。

だが、美智子さんはある日を契機に救われたような気持ちを抱くようになったという。美智子さんが母親の実家へと墓参りに毎年通うようになってから、夢の中にきれいな女の人が出てきて、にこやかに笑っていたのだ。手には藤の花を持っていた。母親は生前藤の花が大好きで、いつも藤色のものを身に着けていた。だから美智子さんは「お母さんだ」と確信したという。

それより前はね、お母さんが夢に出てきても、いつもかわいそうな顔をしていて、泣かされるばかりだったけどね。お墓参りをするようになったからだと思うのよ。それからはそういうにこやかなお母さんが出てくるようになったの。

美智子さんは、「本当だよ」と言いたげに私の潤んだ目を覗き込んだ。私も、美智子さんの赤い目を見てうなずいた。二人のまわりには何か言葉にできない熱くて、だけど穏やかな空気が満ちていたように感じられた。

涙と違和感

美智子さんはその後も、幼いころにお兄さんが川で溺れて亡くなったことや、一緒に貧しさを乗り越えてきたお姉さんが駆け落ちしてしまったなど、いくつもの喪失の体験を語ってくれた。それらはいずれも私の意図したところではなく、別の話からの展開で語られるのだが、私はそのたびに感情が高ぶり涙を流していたように思う。

ところでこうした美智子さんの話を聞きながら、人は生きているあいだに大切なものをどれだけ失うのだろうと私はしみじみと思った。そして、喪失のたびに時間をかけてもなんとかその絶望から立ち直って生きてきた美智子さんのたくましさに感動するのである。

だが一方で、冷静になって振り返ってみると、美智子さんが喪失を語るときの語り口の滑らかさに、少なからぬ違和感を感じなくもない。たとえば美智子さんは、ときに擬態語や身振り手振りを交えながら、声に抑揚をつけていて、まるでその語りは講談師のようだ。すでに述べたように、聞いている私はいつも自然と惹きこまれ感情移入し涙を流してしまう。私が泣くと、「まったくあんたは泣き虫だね」と言いながら、それを意識してか、さらに語り口を盛り上げていくようだった。また語りの内容も、本人が「私の人生を小説にしたら面白いよ」と言うほどドラマティックであり、語りの構成も起承転結がはっきりしていてわかりやすい。

美智子さんが、実は「幻覚と昔話」（一三〇頁）で死者の声が聞こえる渡邉美智子さんであることからすれば、その喪失の語りもいくばくかの脚色がなされているか、もしくは語りそのものが幻覚によるものではないか、と疑ってもおかしくないほどだ。だが、そうした講談師のようなオーバーとも思える語り口は、美智子さんばかりに見られるものでは決してない。他の利用者による喪失の語り方も、それによく似ているように感じられることが多いのだ。

思うに、喪失の語りには二通りあるのかもしれない。ひとつは、未だ絶望の淵にいるときの血を吐くような救いを求めた語りであり、もうひとつは、絶望を時間の経過とともになんとか乗り越えてからの語りである。

絶望の淵での語りは、言葉にならない感情を吐き出す叫びのようなものであり、語り手にとっても予期せぬ鋭い刃のような暴力的な言葉が羅列されることがある。聞き手はそこから言葉のもつ底知れぬ力強さを受け止めるとともに、語り手の存在の危うさや不安定さを感じとる。そのため語り手と聞き手とのあいだには緊張関係が生じ、かえって聞き手は感情移入したり共感したりしにくくなるのではないだろうか。

一方の、時間を経てからの喪失の語りは、つらい出来事について語り手のなかで自分なりの再解釈がなされたうえで発せられたものであると言える。言葉にならなかった絶望は何度も咀嚼され、そして血肉へと消化されて生きる強さへと変化している。だから、発せられる言葉も穏やかである。聞き手は語りに安心して身をゆだねて語りの世界へ没入することができ、最後には語り手の生き方の力強さに圧倒され、淡い光に包まれたような温かさを覚えるのである。

それからすると、美智子さんら利用者たちの語りは明らかに後者に属するだろう。私が彼らの語りにいつも感情移入し涙した（できた）のは、深い絶望を乗り越え生き抜いてきた存在だからこそもっている大きな懐に安心して身をゆだねていたからだったのではないだろうか。美智子さんたちも実はそれをよく心得ていて、聞き手である私がより心地よく語りの世界に入り込むことができるように、ときに身振り手振りを交えたり、独りよがりではないわかりやすい表現を使ったりして、語りを盛り上げていたのかもしれない。

●「昔話」のエネルギー

そうした喪失の語りの場面における語り手（利用者）と聞き手（私）との関係は、講談における講談師と聴衆との関係、あるいは演劇における演者と観客の関係にも似ていると言えるが、民俗学を専門としてきた私には、昔話の語りの場が思い浮かんでくる。

薄暗い部屋のなかで囲炉裏を囲んで語られる昔話。語り部のおじいさん、おばあさんは頬を赤く染め、目を真ん丸に見開いた子どもたちの顔をときおり覗きながら、昔話を語り聞かせる。

昔話には、社会の理不尽さや生きることの切なさとともに、それを乗り越えていく人間の強さが込められている。そして語りの場では、語り部自身の歩んできた人生がそれに重ね合わされて再解釈がなされ、さらにリアルに語られていくのだ。そこでは、昔話の世界と語り部自らの経験との境が曖昧になっていく。重要なのは、聞き手である子どもたちの素直な心にどれだけまっすぐに語りが届くかということである。

利用者の喪失の語りに涙する私は、まるで昔話を語り聞かされる子どもだ。語られる喪失の体験は、もしかしたら誇張されていたり、あるいは虚構であったりするかもしれない。しかし語り部の圧倒的な存在感を前に、私にはもはやそのことはそれほど問題ではなくなる。私は利用者の語りの樹海《うみ》に飲み込まれていく。体全体を高揚させてその語りの世界に夢中になり、そして熱い涙を流した後には、絶望を生き抜く力に変えていく知恵とエネルギーをもらうことができるのである。

それが高齢者のケアをする介護職員として正しいあり方なのかどうかは自信がない。また、冷静に事実を見極め、それを資料として積み重ねていかなければならない民俗研究者としては失格なのかもしれない。けれど、利用者とのそうした一つひとつの関わりが、介護職員と利用者との関係を、そしてこれまで本書で述べてきた介護民俗学を実践しようとする民俗研究者と利用者との関係をも、さらに超越していく。そんな可能性を秘めていると私は確信しているのだ。

終章

「驚けない」現実と「驚き続ける」ことの意味

驚き続けること

キーワードは「驚き」ですね

ここまで具体的なエピソードをもとに、介護民俗学の試みについて論じてきたが、最後に本書のタイトルとなっている「驚き」の意味について述べてみたい。

本書の元になった《驚きの「介護民俗学」》の連載は最初『看護学雑誌』に始まったが、同誌の休刊に伴い、看護師のためのウェブマガジン『かんかん！』に移行していった。

裏話になるが、移行の際に編集者の白石さんからタイトル変更の相談があった。内容的には今までの連載から継続しても構わないが、掲載の媒体が変わるのでタイトルは変えたほうがいいのではないか、その場合どのようなタイトルがいいか、といったことだった。

たしかに、執筆者にとっては一連の連載であっても、掲載媒体が変われば読者も変わるのだし、二つの媒体の連載を混同しないように、それぞれを区別するためにもタイトルを変えたほうがいい、というのは編集者としては当然の考えだ。それは私にも十分にわかっていた。けれど私は白石さんの申し出に少なからず戸惑い、「タイトル変えなきゃいけないんですか……」と言ったきり口ごもってしまった。白石さんは、「変えないほうがいいですか。でもね……」と困惑した様子。

断っておくが、私はふだんは編集者の提案に対して結構従順なのである。しかしそのときの私は、宴席での酔いにも勢いづけられて、どうしてもタイトルを変えたくない！　と頑固に言い張ったのだった。

元来モノへのこだわりがなく、どちらかというと何事にも淡白な私にはめずらしく、《驚きの「介護民俗学」》というタイトルに強い思い入れがあった。特に、「驚き」という言葉を気に入っていた。そして実は、この「驚き」という言葉を見出してくれたのは、白石さんだったのである。

二〇〇九年の十月だった。私が月刊誌の『新潮』に《「介護民俗学」から》という文章を発表し、初めて「介護民俗学」を提唱してから間もなく、白石さんから一度会って話を聞きたいというメールをいただいた。それからすぐに私は白石さんにお会いした。私は、介護の仕事そのものが自分にとってどんなに面白いか、そして民俗学を専攻してきた者として施設で出会う利用者さんの人生がどんなに魅力的かということを、聞き上手の白石さんに促されながらかなり興奮して話したのであった。ひと通り話し終わった後、身を乗り出して聞いてくれていた白石さんがあごひげをさすりながらしばらく黙って考えていたかと思うと、不意に顔を上げてこう言ったのが今でも忘れられない。

「ということは、六車さんの介護民俗学のキーワードは『驚き』ですね。書く内容はお任せしますが、『驚き』ということを一本通ったテーマとして連載を書いてください」

そう白石さんは言ったのである。

「驚き？」

正直に言えば私には、そのとき白石さんが確信したキーワードにまだピンときていなかった。ただ、当時まだ介護の仕事についてから半年しかたっていなかった私にとっては、毎日の出来事のすべてが新しく、現場での利用者との関わりにおいて驚きと発見の連続だったから、「そう、たしかに今の私のワクワクした気持ちを表現するなら『驚き』ですね。じゃあ、それで行きましょう」なんて、白石さんの提案を安易に受け入れたのだった。

●驚き続けるのは難しい

キーワード「驚き」の意味の大きさに気づいたのは、それから半年ほどたってからだった。新しく始めた仕事や生活も、初めはすべてが新鮮で驚かされることばかりであっても、時間の経過とともにそれが日常化していくと、新鮮さをなかなか感じられなくなってしまう。そんな経験は読者のみなさんにもあるだろう。

私自身も、新しく始めた介護の仕事にも慣れてきて、利用者への聞き書きも回数を重ねていくと、入社したころに比べて「驚き」の回数が少なくなっていった。利用者のお話についても、特に何度も繰り返される話については自分の聞く態度にかなり意識的になっていないと、「へー」「ふーん」と聞き流してしまったり、返事がおざなりになってしまうことも度々になっていったのである。

しかし、人生経験の豊富な利用者には（たとえ認知症の方であっても）、そうした私の「慣れ」とそれゆえの「怠慢」はすぐに覚《さと》られてしまう。「あんた、こんなこと聞いたって面白くないらぁ？」（「ら？」とは「でしょう？」の伊豆方言である）と、興味関心が利用者の話に集中していない私の心を見透かしたような言葉を発して溜息をついたりする。そうすると、もうそれ以上利用者は話を続けようとはしなくなる。

一方で、「へー、そうなんですか。すごいですね」「それ、初めて聞きました」「それって、つまりこういうことですか」と、こちらが「驚き」を言葉と体で思いっきり表しながら身を乗り出して聞くと、利用者も調子を乗せてくれて気持ちよくどんどんと話をしてくれることが多いのである。利用者は、「こんなこともわからないの、まったくしょうがないねえ」「だから、こういうことなの」と無知で理解力の乏しい私をなかばバカにしながら、その一方であたたかく労《いた》わってくれながら一生懸命自分の知っていることを教えてくれようとするのだ。

その際私が「驚きの快感」を感じていればいるほど、話をしてくれる利用者の表情も豊かになる。すなわち、聞き書きをスムーズに進めるためにも、深いところまで話を掘り下げるためにも、そして何よりも利用者自身が気持ちよく心豊かに話をするためにも、決して欠かすことのできない、聞く側の持つべき重要な態度が「驚き」であると言えるのだ。

では、「驚き」続けるにはどうしたらよいか。もちろん、「驚き」はマニュアル化できない。なぜならば、「こういうふうに驚きの態度を表現すべし」といったように方法論を示したとたんに、「驚き」そのものが形骸化してしまうからである。しかし、「驚き続ける快感」を維持するための拠り所は見えてきた。その拠り所とは、民俗研究者としての「矜持」と「知的好奇心」である。そのことをあらためて実感した出来事があったので紹介してみたい。

●坂井さんが本当に話したいこと

坂井浩二さん（大正十年生まれ）は、新しくデイサービスを利用し始めた利用者である。坂井さんの娘さんは同じ施設で働いている介護職員で、お父さんがデイサービスを利用するにあたって私は娘さんからこう頼まれていた。

「父はとても話好きだから、六車さん、ぜひ話を聞いてやってください」と。

そこでデイサービス利用の初回日にまずは坂井さんの様子をうかがっていたのだが、慣れない場所に来て緊張していたのか、他の利用者ともほとんど話をすることはなかったし、職員が声を掛けても、にこにこっと笑顔を浮かべるだけで自分から話をすることはなかった。

二回、三回と通所が進んでからもその様子は変わらない。娘さんから聞いていた「話好き」という人柄は、デイサービスではなかなか見ることができなかった。そこで私は、何回目かの利用日に自分が聞き書きの仕事をしていることを伝えたうえで、「お父さんはとても話好きだからいろいろと話を聞いてほしいと娘さんから言われているんですが、もしよければ今日、お時間をいただいて昔の話を聞かせていただけませんか」と丁寧にお願いしてみた。

すると坂井さんは、すでに娘さんから私のことを聞いてきたらしく、すぐに「うん」とうなずいた。おぼつかない足取りで、お話を聞くための静かな別室に移動した坂井さんは、初めは緊張していたがすぐに多弁に語り出した。

坂井さんの父親は仕事のため台湾に渡った。そのため坂井さんは台湾で生まれ、内地の旧制中学へ通った期間を除いては二十歳過ぎまで台湾で育った。内地の学校を卒業した後は、父親が働いていた塩水港製糖という台湾の製糖会社に就職し、原料部に配属された。太平洋戦争が行きづまってきたころに坂井さんも戦争へ駆り出され、船舶工兵、衛生兵としてフィリピン、ラバウルといった激戦地に送られたが、それでも命からがら生き延びて日本に戻ってきたという。

民俗学では定番の「日本の伝統的な暮らし」についてはけなかったものの、これまで太平洋戦争の問題に関心があり、いくらか勉強や研究をしてきた私にとっては、日本の植民地下の台湾で生まれ育ったこと、その台湾で植民地政策の一環で進出していた日本資本の製糖会社で働いていたこと、台湾移住の邦人もまた戦地へ駆り出されていたことなど、坂井さんの話のすべてが知的好奇心をそそる内容なのであった。

私の「驚き度」はこのときおそらく頂点に達していただろう、互いに息つく暇もないぐらい濃密な聞き書きの時間を過ごした。そうしてあっという間に時間が流れ、そろそろ聞き書きを終了しなければならない時間になった。しかし、坂井さんの口からは止まることを知らないかのように、次々と言葉が溢れてきた。

サトウキビを粉砕して圧搾するでしょ、そのときに出てくるバカスというカスを燃料に使うんだよ。絞り取った汁に消石灰を入れるとドロドロの沈殿物ができる、それをケーキといってね、清浄室で汁とケーキとを分けるんだよ。その後、何本ものシリンダーによって真空にしてあるコウヨウカンに汁を通してさ、それから結晶缶に通して結晶にするんだよ。

といった具合に。

それらは製糖の工程を説明するものであり、しかもかなり細部に及ぶ知識だった。バカス？ケーキ？　コウヨウカン？　私にはチンプンカンプンの内容だったし、帰りの時間も迫っていたこともあって、「ではその話は次の機会にお願いします」と言ってなかば強引に話を打ち切ってしまった。坂井さんは残念そうに苦笑した。

次回の聞き書きでは、戦争体験の話を一時間ほど聞かせていただいた。ところが、「お時間なので今日はここまでで……」と私が言うや否や、「それでね、これだけは言っておかなければいけないと思うんだけどさ、結晶缶で結晶化させてから遠心分離機にかけると、一番蜜、二番蜜、三番蜜ってできて、二番蜜、三番蜜はまた結晶缶を通すんだよ」と話し始めたのである。

そのときようやく気づいた。坂井さんが本当に話したかったのは、戦争体験でもなく、植民地下の暮らしでもなく、製糖工程だったということを。

ところが困ったことに私は昔から化学が苦手で、坂井さんがせっかく話してくれる製糖工程をまったく理解することができず、興味すら持つことができない。一生懸命メモをとる努力はしてみるものの、ますます頭の中は混乱するばかり。そもそも坂井さんの人生について私は聞きたいのに、製糖工程をそんなに詳しく知ってどうなるんだ、という気持ちも膨らんでいった。そして、何度か聞き書きを重ねるうちに、坂井さんもそうした私の困惑した気持ちを察してか、「どうせわからないよね」と諦め顔になっていった。

まったく知識がないことに興味を持つのは難しいし、興味がないことに「驚き」をもって耳を傾けるのは意外に大変なのだ。でもこのままでは、心躍らせて話をして「話好き」の人柄の本領を発揮してくれている坂井さんの気持ちに応えることができないし、興味を持てないことを聞くのは私自身もつらくなってくる。

●民俗研究者としての矜持と知的好奇心を拠り所にして

そこで私は、とにかく坂井さんの話そうとしていることを少しでも理解できるようにと、インターネットや書籍で砂糖や製糖工程について調べることにした。だが予想以上に情報が少ない。そしてようやく見つけたのが『砂糖の事典』（東京堂出版）だった。

ところが事典を入手したものの、製糖の歴史のあたりは面白く読めても、製糖工程については何度読んでもやっぱり理解できない。自分の理解力のなさをつくづく痛感するばかり。また同僚には、「わざわざ事典を買うなんてもったいない。普通そこまでしないよ」と呆れられる始末。

けれど私は、意地でも製糖工程を理解したかったのだ。それは、利用者の話にしっかりと傾聴しなければという介護職員としての義務感ではなく、話していただいたことはとりあえず精一杯理解する努力をするという、これまでの経験で培われてきた一民俗研究者の矜持によるものだったといってもいいかもしれない。

私は腹をくくり、事典に記載されていた原料糖（粗糖・精製するまえの砂糖）の製糖法の図式の拡大コピーをもって坂井さんの席へ行った。そして、こうお願いした。

坂井さん、このあいだからお話ししてくれていた製糖工程なんですが、私どうしても理解できなくて。それで事典を買って勉強してみたんです。それでもさっぱりわかりませんでした。すみませんが、今日、もしよろしければ、この図式を見ながらもう一度教えてもらえませんか。

坂井さんは拡大コピーした図式を凝視して、ぶつぶつと言いながら一つひとつの工程をしばらく確認していたかと思うと、おもむろに顔をあげて目尻にたくさんの皺を寄せながら私の顔を見つめた。

「こんなものわざわざ買うなんてもったいない」

そう皮肉る声は弾んでいた。その日の午後、別室で二時間たっぷりお話を聞いた。

坂井さんは図式を指さして、一つひとつ丁寧に言葉を選びながら、私がわかるまでじっくりと教えてくれた。だんだんと理解できるようになるにつれて、私の知的好奇心は急激にくすぐられていった。そして最後には、サトウキビを工場に搬入してから粗糖ができるまでの工程がわかるようになったばかりでなく、複雑な工程を何度も繰り返したどることによってようやく砂糖ができあがるということに感動さえ覚えたのであった。まったく知識のなかったときには坂井さんがなぜそんなに製糖工程ばかり話したがるのか理解できなかったが、なんとなくその理由もわかったような気がした。最後に坂井さんはこうつぶやいた。

十二月から五月までの製糖期間は工場は休みなしで動いていたんだよ。だから原料部に所属する人も夜勤があったさ。夜勤は暇だから、俺は工場中を見て遊んでいたんだよ。好きというか、なんだかとにかく面白くてさ。

坂井さんがワクワク胸を躍らせて夜の製糖工場を歩いている姿が目に浮かぶようだった。理解できないのは悔しいという一民俗研究者としての矜持は、実に浅はかで単純なものだが、その矜持にこだわることによって結果的に利用者さんの人生がより立体的に、そして豊かな陰影を帯びたものとして浮かび上がってきた。

驚くこと、そして、驚き続けること。それが「介護民俗学」を支えるいちばんのエネルギーになるのだ。

驚きは利用者と対等に向き合うための始まりだ

驚けない

ところが、こうして「驚き」をエネルギーにして介護民俗学を進めてきた私だが、あるときから急に書けなくなってしまったのである。

それは、インターネット上で続けてきた連載の最終回の執筆にあたろうと思ったときだ。パソコンの前に座ってもなかなかキーボードを叩く指が進まない。その状況のなかで一か月間の社会福祉士の実習に突入して、原稿どころではなくなってしまった。実習を終え職場に戻ったものの、さらに集中力もなくなり、まったく原稿が書けなくなってしまったのである。

なぜ書けないのか、その理由は自分では明白だった。驚けないのだ。介護民俗学を提唱する際の命だと思ってきた「驚き」が、数か月のあいだほとんど得られなくなってしまったのだった。

ではなぜ驚けないのか。

自分なりに分析してみると、正確に言えば、「驚けない」のではなく、「驚かない」ようにしている、のだと思う。これまで「驚き」の重要性を強調してきたことと矛盾しているようだが、事実、私は現場でできるだけ「驚かない」ように仕事をしてきた。それは職場の配置転換に関係がある。

連載は『看護学雑誌』を含めれば全部で十五回、期間も一年三か月となったが、その間、私自身の職場での立場はめまぐるしく変化していった。

老人ホームでの仕事はデイサービス（通所介護）の介護職員としてスタートし、その半年後からは週に二回程度のペースで、午後からの一時間を利用者さんへ聞き書きをする時間にあてさせてもらった。また、二〇一〇年四月からはデイサービスの介護にあたりながら、フリーの相談員として週に三日程度は、デイサービスおよびショートステイ（短期入所）の利用者への聞き書きを行った。その聞き書きの積み重ねが、いくつもの『思い出の記』に結実していった。そして、その期間の経験が《驚きの「介護民俗学」》の連載を続けるベースになったのだった。

十一月からは、介護職員として特別養護老人ホーム（特養）に配属された。特養およびショートステイの利用者への聞き書きを進めるための準備として、特養とショートステイの組み合わさったユニット（利用者の個別ケアのための小規模生活単位）へ、見守り中心の職員として関わることになったのだ。その段階では私は、ユニット専属の介護職員を補助しながら利用者の様子を観察したり、あるいは時間があるときには聞き書きを行ったりしていた。したがって、そのころは聞き書きのまとめを勤務時間内に行う余裕もあった。

ところが、二〇一一年三月下旬からは、介護職員が不足している現場への補充人員が必要となり、私は、ユニットの、主にショートステイの介護職員として、遅番中心の勤務に当たるようになったのである。もはや、聞き書きにあてる時間はなくなってしまった。

●遅番の長くて短い一日

私の勤務している施設の一ユニットは利用者が十名で、二ユニット二十名をひとつのグループとして介護にあたっている。利用者二十名に対して昼間は基本的に早番職員二名と遅番職員二名がいる。特養とショートステイの組み合わさった私のグループでは、十名の特養利用者に対して職員二名、定員十名のショートステイの利用者に対して二名の職員がケアにあたっている。また16時以降は、二十名に対して遅番職員二名、夜勤職員一名があたる。ただし、ショートステイは遅番職員一人でみることが多い。20時から翌朝7時までは夜勤職員一名で二十名の利用者を見守る。これがどれだけ過酷な状況かは、以下に私の役目である遅番の仕事を紹介することでわかってもらえるのではないかと思う。

遅番勤務は、11時から始まる。出勤して間もなく、早番職員が三〇分間の休憩に入るため、約十名の利用者を一人で介護しながら昼食の準備を行う。そして早番職員が休憩から戻ってきて12時になったころから昼食の食事介助が始まる。

ショートステイなのでその日の利用者によって食事介助の対象人数は異なるが、全介助、一部介助を含め、平均して一日二～三名の対象者がいる。多い場合は六名いることもあった。二人で食事介助を始め、12時半から再び早番職員が休憩に入るので、13時までの三〇分間は遅番一人で介助を行うことになる。そのあいだに食事介助を済ませ、服薬介助を行う。そして、食事と服薬が済んだ利用者から、口腔ケアと排泄ケアを行う。そうこうしているうちに13時になり早番職員が戻ってきて、遅番職員と交代する。三〇分の休憩から戻ってきた13時半、遅番職員は早番職員が一人でやっていた口腔ケア介助、排泄介助を手伝う。また、茶碗や湯飲み等の食器類を利用者の見守りをしながら洗っていく。一連の食事関連の介助が終わるのは14時近くになる。

14時からの一時間ほど、居室で休まれている利用者もいれば、リビングでくつろいでいる利用者もいる。遅番職員は、リビングの利用者を見守りながら、昼食時と午後の経過記録を書く。一方の早番職員は、寝たきりの利用者のオムツ交換に入り、また曜日によっては、入浴介助に入る。

15時からはおやつの時間である。二〇分ほど前からリビングのテーブルを拭いたり、お茶を入れたりして、おやつの準備をする。そして、居室で寝ている利用者におやつの声掛けをしたり、離床介助をして、利用者をリビングに集めてくる。再び食事介助が始まる。そして、おやつを食べ終わった利用者から、排泄ケアを行うのである。そうこうしているうちに16時近くに。

16時には利用者の退所が始まる。退所の送迎は相談員および運転手があたるが、早番・遅番職員は、それに間に合うように14時くらいからは今述べた業務と並行して、退所準備を行わなければならない。これが結構手間がかかる。荷造りや部屋の掃除はシルバー人材センターの方にお願いしているが、忘れ物がないように居室の隅々から冷蔵庫、食器棚等を職員がすべてチェックする必要がある。また、利用中に洗濯した衣類等が他の利用者の荷物に交じっていないかといったことも確認しなければならない。

退所準備をしながら一方で、翌日入所する利用者のための居室の準備を進めていく。ベッドの位置、L字バーの有無、エアマットの有無、ポータブルトイレの有無、コールマットやナースコールの設置、転倒防止用マットの設置等、その利用者の状態に合わせた部屋づくりをするのである。退所利用者を送り出し、翌日の居室準備が整うのはだいたい16時過ぎになる。そして早番の勤務が終わるのである。

そして、16時出勤の夜勤職員がやってくる。遅番職員は16時10分から16時40分まで三〇分間の休憩をとる。休憩後から勤務が終了する20時までの約三時間半は、ユニットの全利用者二十名を夜勤一名、遅番二名で対応するのだが、先述したようにショートステイは基本的に遅番職員が一人で利用者の介護を行うことになる。

夕食までの時間、利用者の見守りをしながら、利用者一人ひとりについて、午後の経過記録を書き、夕食の準備を行い、居室で寝ている利用者の離床介助を行う。17時45分ごろに夕食のワゴンがやってくると、配膳を行い、食事介助にあたる。食事介助が終わるのは、早くて18時半、遅いと19時をまわる。職員が一人しかいないので、複数の利用者の食事介助をしながら、食事が終了した利用者の服薬介助や排泄介助を並行して行わなければならない。もちろん、利用者の見守りも。トイレを頻回使用する利用者が複数いる日や、帰宅願望のために徘徊する利用者がいる日などは、この遅番一人の夕食の時間が恐ろしく長く思えるが、でもまったく仕事が進まないうちに時間だけが経過しているという焦りも同時に感じるのである。

食事介助が終わると、利用者一人ひとりの口腔ケア、排泄ケアを行い、そして居室での就寝を促す。といっても、特に認知症の利用者のなかには、なかなか就寝できない方もいる。そういう場合には、夜勤職員にも見守り等を手伝ってもらいながら就寝を促し、そうしながら寝たきりの利用者のオムツ交換を行う。夕食の食器洗いや翌日の朝食の炊飯のセットを終え、経過記録を補足したり、夜勤職員への申し送りを記入したりして、ようやく遅番勤務が終了するのは20時半ごろである。夜勤職員へバトンタッチして家路へ向かう。

●禁欲的に「驚かない」日々

正直を言って、こんなことをここに記すのはとても恥ずかしいという思いがある。どの職員もみなそうやって仕事をしているのである。私ばかりが忙しいわけではない。書けないことの言い訳をしているみたいで、自己嫌悪に陥ってしまう。だが、敢えてここで遅番勤務のタイムスケジュールをこんなふうに詳細に記したのは、私自身が自分が書けなかった数か月現場でやってきたことを確認したかったからである。書き出してみたら、やっぱりめちゃくちゃ忙しいじゃないかと思った。聞き書きをする時間なんてこれじゃあ、あるわけがない。驚けない理由もよくわかった気がした。

驚けないというより、最初は「驚かない」ようにしていた。業務を滞りなくこなすには、驚いている時間がなかったからである。たとえばこんなことがあった。

認知症の佐藤八重子さんが久しぶりにショートステイを利用したときのことである。入所時からお金を持参しなかったことを気にしていた。食事を前にしても、「私、お金持ってきていないだよ」といって箸をつけることを躊躇《ちゅうちょ》している様子だった。

こういうことは他の利用者さんにもよく見られる。私たちはなんとか落ち着いて食べてもらおうと、「ツケがききますから」とか、「月末払いなので大丈夫です」とか言ってみる。それでもだめなら、「ここは町の施設だからお金はいらないんですよ」と一時しのぎの方便を垂れてみる。それでようやく箸を手にしてくれることも多い。

八重子さんも同じだった。だが他の方と違ったのは、食事が終わって排泄介助を行おうとすると今度は、「お金要るんだら?」と言い出したことだった。

トイレに入るのにお金が要るのかと問われるのは私は初めての経験だった。私は頭に「?」を抱きながらも、多くの利用者の介助を後に控えていることから、なんとかスムーズに事を運ぼうと、「大丈夫ですよ。無料ですから」と言ってなかば強引に手を引いて八重子さんをトイレに促した。便器に座るなり八重子さんはまた「お金持っていないだよ」と口にする。私は多少面倒くさく感じながら「無料ですよ」とまた言ってみる。すると八重子さんは用を足しながら、まだう～んと考えている。そして思い立ったように、「売るんだら?」と聞いてきた。

「売る?　何を?」

私の顔を覗きこんだ八重子さん、「肥に売るんだら?」と補足してくれる。

ああ、用を足した後の糞尿を集めて農家に肥料に売るっていうことを言っているのね、とそう推測した。というのも以前、大正生まれの利用者数人から、紀元節などの四大節のときに、小学校ではトイレの糞尿を農家に売ったお金で紅白の団子を買って生徒に配っており、それを通称「しょんべん菓子」と呼んでいたのだという話を聞いたことがあるからだ。私が「そうですね、売るんですよ」と答えると、八重子さんは「やっぱり、だからお金要らないんだ」と納得して立ち上がった。

認知症の方の言動にこうして昔の経験が活きていることを発見した瞬間、私の心は躍り出しそうになる。農家に育った八重子さんに子どものころの経験をもっと聞きたくなるし、他の利用者さんにも糞尿を農家に売ったことがあるかどうか確かめたくなる。そして、最初に八重子さんがトイレにお金が要ると思ったことについても、たとえば、この地域の歴史のなかで公衆トイレなどでお金を払うことがあったかどうかも話題を広げていくことになっただろう。三月以前の業務状況だったら、思いつくままに、心躍らせてそうしたに違いない。

だが、前述のような業務内容ではそうするわけにはいかない。私には、他の利用者の排泄介助をする、そしてその後は口腔ケアをする責任があるのだ。ここで驚いているわけにはいかない。私は躍り出しそうになる気持ちを心の中にしまい込んだ。

そうしているうちに、本当に驚けなくなってしまった。たとえば居室で寝ている利用者におやつの声掛けに行ったとき、利用者が話を始めてなかなか離床しないことがある。若いころに読んだ小説の話などをしたりする。それでも私は心が躍らないのだ。

利用者の話を聞きながらも、リビングにいる利用者が突然立ち上がって歩き出し、転倒してしまわないかと心配し、意識はそちらへ向いていて、なんとかこの話を切り上げて、利用者を連れてリビングに戻らないといけないなどと思っているのである。そうした私の頭の中を、たぶん相手は敏感に察している。私の視線がリビングのほうを追った瞬間に、「ごめんごめん、あんた忙しいのに……」と謝ったりする。

すると万事がそうなってしまう。以前『思い出の記』をまとめさせてもらったデイサービスの利用者がわざわざショートステイまで私に会いに来てくれたりしても、私はその方とゆっくり向き合う時間がないばかりか、「嬉しい」という気持ちはあっても、さらに話が発展して驚きを感じてしまうことを躊躇して、あいさつ程度の会話で済ませてしまうのだ。話したそうにしている利用者に申し訳ないと思いつつ。

こんなふうに「禁欲的」に仕事に当たっているので、遅番勤務の業務は、大体いつも滞りなくこなせている。実際、同僚からは、六車さんには安心して任せておける、などと褒められたりもしている。

こんな状況のなかで最近、介護現場で聞き書きをし始めたころに、知り合いの介護士から猛烈な批判を浴びせられたことを思い出した。

話を聞くことが介護なの？　私は長い間ヘルパーをしてきたけれど、じいちゃん、ばあちゃんはみんな話したくてたまらないのよ。それで延々と話をしてくるの。でもね、そんなことを本気で聞いてたら仕事がまわらないじゃない。だから適当にあしらうの。それに結構重たいこと話したりするのよ。でもそんなの聞いて気持ちが滅入ったら次の仕事ができないでしょ。だから、私はその人の家を出たら全部忘れるようにしていたのよ。

その言葉を聞いたとき私は愕然としたし、そんなことを言うのは介護士として失格だとも思った。高齢者を相手に仕事をしているのだから、利用者の語りに耳を傾けその方の生き方を知ることこそ介護の基本じゃないか、と思っていたからだ。けれど、私も現場の業務に追われるなかで、結果的にその介護士と同じ状況に陥っている。というより、むしろかなり意識的に利用者の言葉に真剣に向き合うことを避けているのである。私も実は批判を浴びせてきた介護士となんら変わりがない。そう気づいた。

さらに、私は驚けなくなってから、一方で、介護の技術的な達成感の喜びは強く感じるようになっていった。たとえば午後の排泄介助の時間、寝たきりの利用者のオムツ交換をするのだが、オムツを開けたときに大量の排便があったりすると、いかにこの便を素早く、しかも丁寧に拭き取り、利用者の臀部をきれいにしてオムツを交換するか、と俄然張り切ったりするのである。そして、それがうまくいったときの満足感といったらたまらない。

そんな感覚は今まで味わったことがなかった。介護技術が高まったということなのかもしれないが、そこで感じる介護の喜びは、これまでの利用者との関係のなかで感じられるものとは明らかに異なる。極端に言えば、利用者と接しているのに、そこには利用者の存在が希薄となっている。ただ自分の技術に酔っているだけなのだ。驚きのままに聞き書きを進めていたときに、目の前に利用者の背負ってきた歴史が立体的に浮かび上がってきて、利用者の人としての存在がとてつもなく大きく感じられたのが嘘のようだった。なんだか私は自分が恐ろしくなった。

●驚く自分に素直に向き合う

そんななか、思いがけず私の心が穏やかに震えることがあった。新規に利用するようになった斉藤のぶゑさんの存在である。

のぶゑさんは大正八年生まれで重度の認知症の方であるが、初回利用時からにこにことされていて、物静かな様子だった。歩行や立位が不安定なので歩行介助とトイレ介助が必要なのと、箸やスプーンの使い方がうまくいかないので食事の一部介助が必要なくらいで、後は職員の手を「煩わせる」ことはほとんどなかった。一方で、立ち上がりや徘徊が頻繁な認知症の利用者への対応に追われるなかで、私はのぶゑさんにじっくりと関わることはなかなかできずにいた。

二回目か三回目の利用時だったか、やはりこのときも「手のかかる」認知症の利用者がいて、居室やトイレに向かって五分おきに歩き出すのに対して、私はイライラする気持ちを抑えつけながら、淡々と業務をこなしていた。

夕食を待つ時間、この日はめずらしく業務も一段落していたので、私はのぶゑさんの隣に座った。すると、のぶゑさんが、私の顔ににこにことほほ笑みかけたかと思ったら、ゆっくりと目を閉じて首を揺らしながら歌いだしたのである。

「か〜えるの夜回り、が〜こ、がっこげっこぴょ〜んぴょん」と。

突然始まったその歌声は、九十歳を超えた方のものとは思えないほど伸びがあり美しかった。振り向くと、認知症の利用者も含め、リビングにいた利用者みんなが目を丸くしてのぶゑさんの様子をうかがっていた。

か〜えるの夜回り　が〜こ、がっこげっこぴょ〜んぴょん
らっぱ吹けらっぱ吹け　がっこげっこぴょん
がっこがっこが〜こ　ぴょんこぴょんこぴょん
がっこぴょん　げっこぴょん　がっこげっこぴょん

「かえるの夜回り」という童謡だという。のぶゑさんは、ときおり目を開いてみんなの様子を確認しながら、何度も繰り返して歌った。最初は唖然としていた他の利用者も、手拍子をうったり、小さな声で口ずさんだりし始めた。私も初めて聴く童謡ではあったが、そのリズミカルなかわいらしい歌をすぐに一緒に口ずさめるようになった。そして気がつくと、騒然としていたリビングが穏やかな笑いで包まれていた。のぶゑさんは、イライラする私の気持ちや落ち着かない利用者の様子をどこかで感じとり、歌を歌って場を和ませてくれたのではないだろうか。

私はのぶゑさんというのはどんな人生を送ってこられた方なのかと知りたくてたまらなくなった。夕食の準備の傍らケースファイルを読み直してみる。ところがそこには家族構成や既往歴、現

在のADLなどとともに、生まれた場所や結婚した年などの生活歴に関する情報はあっても、彼女のこの歌声の背景を想像させるような記載はいっさい見当たらなかった。私は思わずのぶゑさんの隣に腰かけて質問を投げかけていた。

「のぶゑさんは、歌を歌う仕事をしていたんですか」

「のぶゑさんは、どこかで歌を習ったことがあるんですか」

「のぶゑさんは、学校の先生をされていたんですか」

私のする立て続けの質問に対して、のぶゑさんはいずれもゆっくりと首を振った。そして目尻を下げた表情で、再び歌いだした。

がっこぴょん、げっこぴょん、がっこげっこぴょん――

のぶゑさんは、目尻を下げたままこうつぶやいた。

「これだったら子どもたちでも歌えるでしょ。楽しいしね」

夕食の時間が始まっても私の好奇心はもう抑えることができなかった。私は食事介助をしながら、のぶゑさんにしつこいくらい質問をした。そのたびにのぶゑさんは、一つひとつにゆっくりと答えてくれた。そののぶゑさんの言葉からだんだんにわかってきたのは、彼女は農繁期に近所の子どもたちを家に集めて世話をし、歌や踊りを教えていたらしいことだった。もしかしたら、学童保育のようなことをしていたのかもしれない。

私は、のぶゑさんの生きてこられた人生をもっともっと深く知りたいと思った。そして、久しぶりにそう思う自分の気持ちに気づいて、目頭が熱くなった。

のぶゑさんはショートステイを利用するたびに、美しい歌声を披露してくれるようになった。他の職員たちも利用者たちものぶゑさんの歌を楽しみにするようになり、そして、のぶゑさんがどうしてこんなに歌が上手なのか、職員も利用者もいろいろと想像をめぐらすようになった。

私はまわりの利用者や職員たちの疑問を拾い上げるようにして、のぶゑさんにたくさんの質問を投げかけてみる。すると、のぶゑさんも、うんうんと目尻を下げながら答えてくれる。私の体は自然と驚けるようになっていった。

驚くことを禁欲するのではなく、驚きを感じる自分に素直になってみる。そして、忙しいときには少しのあいだ、そのときめきを胸の中に秘めておき、時間のゆとりがあるときには思いっきり利用者と向き合い驚いてみる。もちろんそのバランスがうまくいかないことも多いのだが。

その後、職員の人数も充実してきて、私は再び介護の仕事の一方で、利用者へ聞き書きをする時間をつくれるようになった。週に一～二回は、午後二時ごろから居室にて一時間ほどゆったりと利用者の言葉を聞き入ることができる。そして、さらに新たな『思い出の記』の作成も進めている。

ユニットの介護職員として遅番業務についた期間は結局半年以上に及んだが、しかし今から考えれば、その期間に私は貴重な経験をすることができたように思う。介護の現場で、介護職員たちがどれだけ業務に追われているのか、その状況を身をもって知った。一方で、業務のなかで同僚職員たちと関わっていると、私が想像していた以上に彼らが実はもっと利用者と話をしたいとか、利用者のことをもっと知りたいと強く思っていることもわかってきたのだ。介護民俗学という私のアプローチに限定されず、介護やケアという行為に人々が関わろうとするモチベーションも、もしかしたら、そうした「知りたい」「関わりたい」といった利用者にストレートに向けられた関心にあるのかもしれない、と思えるようになった。

もちろん、現場の業務を遂行することと、知りたいという知的好奇心に素直になることとのバランスをとるのは実に難しいことだ。しかし、知的好奇心とわかりたいという欲求、そしてわかったときの驚き、それが利用者と対等に、そして尊敬をもって向き合う始まりになる。それだけは確かなようだ。

おわりに

連載が終了し、本書を編集し始めたころ、上野千鶴子の『ケアの社会学』が出版された。「おひとりさまの老後」という言葉で注目されたように、上野は自身の切実な問題としても高齢者介護についての研究に取り組んできた。『ケアの社会学』はその十年間の研究の膨大な蓄積であり、読み応えのある本であった。

なかでも、実際に介護の現場にいる人間として新鮮だったのは、ケアを「ケアする者とケアされる者との相互行為としてみなす」という定義づけである。本書でも触れたように、ケアや介護は一般的に「弱者」を「助ける」「保護する」「世話をする」行為であり、その行為は介護をする側に帰属するものとみなされている。その結果、介護現場では、どの介護職員でも利用者に対して同質のケアができるのがよいとされている。

しかし実際には、介護の方法も質も介護職員によって変わってくる。それは多くの場合、介護職員の技量よりも、職員と利用者との関係性によるように思う。同じ職員でも、ある認知症の利用者への対応は非常に上手だが、別の利用者についてはいつも怒らせてばかりいるといったことはよくあることである。

また、利用者からみても同じことが言える。たとえば、読者は私と利用者との関係が良好であるように思われるかもしれないが、九五歳を過ぎたある女性利用者からはことごとく嫌われていた。私の顔を見ただけで、「あんたの顔が嫌いなんだよ」とか、「あんたみたいに苦労していない女に何がわかるんだ」と言って、つかみかかってくることが頻繁だった。他の職員にはきわめて穏やかな笑顔を見せるのにもかかわらず。

もちろん最初は私も、自分の介助がよくないのかと悩み、声の掛け方とかしゃべり方を変えたり、彼女の生活歴をもとに積極的に話しかけてみたりしたが、一向に関係は改善されなかった。しかしある日、試みとして彼女からすぐには私の顔が見えない角度を保ちながら食事介助をしたら、他の職員がするのとなんら変わりなく穏やかに食事を食べてくれた。

それを見て、これはこちら側の問題ではなさそうだ、私の顔か声か、それとも雰囲気が彼女の嫌な過去と結びついているのかもしれない。そう私は割り切り、無理やり関係を改善しようとするのではなく、介護のプロとして私のできる範囲で介助をして、嫌がられてできない場合には他の職員にバトンタッチをすることにしたのだった。

つまりケアや介護とは、まさに上野が定義づけるように「ケアする側とケアされる側との相互行為」なのであり、どちらか一方に属するものではないのである。だから、ある職員と利用者とのあいだで成り立った介助の方法が、他の職員と利用者とのあいだでもうまくいくとは限らない。むしろ、それぞれの関係性のなかで、よりよいケアを模索する必要があるのである。そういう点でも、ケアを相互行為とみなす意味は介護現場にとって大きいと思える。

さらに上野が、ケアを相互行為と定義づけたうえで、「ケアされることを強制されない権利」を強調していることは注目すべきことである。ケアはケアされる側にとって無条件に「よきこと」と解される一般的な風潮に対して、否を突きつけているのだ。それは身体拘束等の不適切なケアを強制されない権利が社会的弱者にあるということばかりでなく、ケアそれ自体に暴力性や抑圧性が内包されていることを喚起している点で重要なのである。

上野は品川哲彦の言葉を引いて、たとえば、ケアの場において相手への無限定な受容や共感を強調することがいかに暴力的なのかを説明している。

すなわち、無限定な受容や共感では、「自分と相手との一体化」が強調されており、それは裏返してみれば、「ケアを通じて相手を併呑してしまうケアの暴力性に鈍感である」ことを意味している、というのである。そして、ケアは相互行為であるが、それは決してケアする者とケアされる者との対等性を意味しているのではなく、その関係が非対称的であることを見逃してはいけない、として上野は次のように指摘する。

なぜならケアする側がケア関係から退出するという選択肢をつねに持っているのに対し、ケアされるニーズを持っているケアの受け手は、この関係から退出することができない（退出することは生命の危険を意味する）からである。

ケアはケアする者とされる者との相互行為であるが、その関係は決して対等ではない。この上野のとらえ方は、本書で論じてきた民俗学的アプローチによる介護現場での聞き書きの可能性を論理的に補強してくれる。介護現場における聞き書きは、介護する側とされる側との関係を、一時的に非対称性から解放し逆転させるダイナミズムとしてとらえることができるからだ。

しかし同時に上野の指摘は、民俗学的アプローチにおける聞き書きもまた、それがケアの現場で行われるという意味では、内包される暴力性から完全に免れることは不可能であることをも気づかせてくれる。驚きと知的好奇心を原動力に進められていく聞き書きも、ケアされるニーズを持っているケアの受け手を対象に行われることによって、ましてや介護のプロである介護職員がそれを行うということによって、結果的に、あるいは無自覚にケアの関係性の転換そのものを目的とし、その有効性を正当化してしまう危険性をはらんでいるからだ。そのとたんに、意図とは反対に、ケアされる側に対するケアの強制へと転じてしまう。

ケアの場での実践は、常にそうしたジレンマを抱えていくことなのである。

◆

それでも私は、あえて「介護民俗学」の可能性を訴えたい。「介護民俗学」に関心を持つことで、特に、大学で民俗学を学んだ若者たちが介護の仕事に携わってくれることを心から望んでいる。これまでの経験から言って、民俗調査でムラのじいちゃんやばあちゃんたちによって鍛えられてきた彼らが、高齢者介護の現場でやれることは多いと思われるからだ。そして何よりも、本書で繰り返し強調してきたように、高齢者介護の現場、特に老人ホーム等の施設は、民俗学的関心を持った者にとっては実に魅力的だからである。

大学に勤務していたころ、せっかく民俗学を専門に勉強してきてもその専門性を活かせる博物館や資料館の学芸員の枠はあまりにも狭く、多くの学生たちが志を抱きながらも仕事に活かすことを断念せざるを得なかった現実を、私は目の当たりにしてきた。そうした学生たちに、彼らの可能性を開くひとつの選択肢として、介護現場を勧めたいと思うのだ。そして彼らの存在によって、閉塞的な介護現場のケアの在り方も、より豊かに開かれている可能性があると考えている。

しかし、学生たちを介護現場に誘導するには、職場環境があまりにも過酷であるという現実はある。やりがいと充実感は確実にあるが、それに対する対価であるはずの賃金も社会的評価もきわめて低い。それによって介護施設の職員の離職率は高く、現場は常に人手不足の状態にある。するると、高い理想をもって働いている介護職員たちも、日々、「食事・排泄・入浴」という三大介護に手いっぱいになり、肉体的にも精神的にも疲弊してくる。これが現状である。だから、たとえ民俗学を学んだ学生たちが志高く介護現場に入ったとしても、現場は聞き書きをする時間を与えてくれる余裕はないだろう。

上野は、「ケアワーカーの賃金はなぜ安いのか」という問いのもと、低賃金の背景には、介護報酬を低く抑える政府と、労働者の賃金を上げようとしない事業者の存在があるが、それを許しているのは、つまるところ、ケアワークの社会的評価をその程度に低く見ているという国民の意識があることを指摘している。「自分は受けたいが、自分からやりたくない労働」というのが、ケアワークの実態から浮かび上がってくる本音であると上野は辛辣に批判する。

学生たちを介護現場へと胸を張って誘《いざな》えるようになるためには、高齢者介護とその仕事に対する人々の理解を深めてもらうことが何よりも先決であり、結果的に介護施設の職場環境が整備されていくよう、私にも、社会へと働きかけていく責任があると言える。その意味でも私は、しばらくは「介護民俗学」という冠を掲げて、介護の現場で活動をしていきたいと思う。

それと同時に切実に思うのは、介護現場が社会へと開かれていく必要性である。たとえば民俗学を学んでいる学生が卒業論文や修士論文作成のための調査で、介護施設に聞き書き目的で入ろうと試みても、受け入れられるのは容易ではないだろう。聞いた内容を残さない傾聴ボランティアは広く受け入れられているが、個人情報保護や家族からのクレーム、さらに感染症予防等への配慮から、施設側は利用者を過剰なほど保護しているため、彼らが研究者の調査やマスコミからの取材を受けることについては消極的だからである。

ここにも、利用者が常に守られる側にあることがよく見てとれる。百年近く生きてきた利用者の内には、ある程度のことには耐えうるたくましさが培われているはずだが、それに対する評価はあまりにも低いのだ。

私は、ムラに調査に入った学生たちが、「そのことだったら、○○老人ホームにいる△△さんに聞いてみろ」（聞き書きでは、ある話者から別な話者を紹介されて数珠つながりに展開していくことはよくある）と紹介されて、老人ホームへとその利用者に会いに行き聞き書きができるような、そんな環境ができたらどんなにかよいかと思う。そのことだったらあのじいちゃん、このことだったらあのばあちゃん、と高齢者がその経験や知識ゆえに必要とされ、たとえ要介護状態にある老人ホームの利用者であってもその必要に応えられるような環境こそが、暴力性のジレンマからケアを解放していくことにつながるのではないだろうか。

その意味では、民俗学を専門とする者だけではなく、フィクション、ノンフィクションの作家が自らのテーマや材料探しに介護現場で取材したり、美術やダンスなどのアーティストが作品のモチーフを探しに介護現場に入るなど、さまざまな分野の人たちがさまざまな目的で介護現場に入ってもいいと思う。高齢者介護の施設には、そうしたさまざまな需要に応えられるだけの豊かな人生を背負った「人材」が多く居住しているのである。

◆

ところで、私は本書のなかで、ひとまず介護現場＝介護施設として論じてきたが、それは私が現在、特別養護老人ホームという施設に勤務していて、そこでの試みを中心に議論を進めてきたからである。介護現場はもちろん施設ばかりでなく、地域における在宅介護もその大きな割合を占めている。したがって、民俗学的アプローチによる介護現場における聞き書きも、今後、在宅介護と結びついていく可能性は大いにありうるのではないかと思っている。それに関して「介護予防」と「介護準備」という点から考えてみたい。

介護保険法には、高齢者が可能な限り地域において自立した日常生活を営むことができるよう支援する、という基本理念が謳われている。そのための重要なキーワードとされるのが、「介護予防」である。

介護保険法によれば、介護予防とは、高齢者が要介護状態になることをできる限り防ぐ（発症を防ぐ）こと、あるいは要介護状態であっても状態がそれ以上に悪化しないようにする（維持・改善を図る）こと意味し、前者を事業化したものが地域支援事業であり、後者を制度化したものが予防給付である。前者の地域支援事業の中心的な担い手になっているのが、市町村に設置された地域包括支援センターだ。

私は社会福祉士養成のための実習を一か月間、地元の地域包括支援センターでさせていただいたが、そのときの経験から、民俗研究者が地域で行っている聞き書きや調査が、地域の高齢者の介護予防につながる地域資源になりうるのではないかと考えている。

というのも、地域包括支援センターでは、サロン活動等の地域資源とネットワークを構築し、地域の高齢者の地域資源への参加を促すことで、介護予防を促進したり、一人暮らしの高齢者の見守りを強化しようと試みているからである。とすれば、民俗研究者や民俗学を専攻する学生たちが、研究のために定期的にムラに入って高齢者を対象に行う聞き書きは、地域包括支援センターと連携することにより地域の高齢者の見守りにもつながるだろう。あるいは、会話を促し、生活を活性化するという点では、介護保険法でうたわれているような介護予防にもつながるのではないかと思われる。

これまで民俗学は、地域の民俗の保存とそれを使った地域活性化という点で、地域づくり、まちづくりには積極的に関わってきた。高齢化がますます進み、在宅介護が地域における切実な問題となる今後は、このように高齢者が地域で暮らしていくことを支える介護予防事業に関わっていくことが、実践的な学問である民俗学に対して求められていくのではないだろうか。

だが、一方で私は、「介護予防」という言葉に少なからぬ違和感を覚えている。介護予防という言葉には、介護は予防されるべきもの、という考え方が露骨に反映されている。

つまり、要介護状態になることは否定的にとらえられているのである。もちろん、元気に長生きできたらそれに越したことはないかもしれない。しかし言うまでもなく、誰しも年をとる。であれば、誰もが要介護状態になりうるのである。介護される側になるというのは決して特殊で特別なことではなく、人間にとっては誰しもが迎える普遍的なことであり、自分もそうなるのだ。そういった想像力が、介護を問題化するのではなく、介護を引き受けていく社会へと日本社会を成熟させていくための必要条件だと思えるのだ。

そこで私は、「介護準備」という言葉を使ってみたい。この言葉には、要介護状態になるのを予防するのではなく、要介護状態になる前に、介護されるための物理的・精神的準備をしておくという意味を込めている。

物理的準備とは、たとえば要介護状態になる前にそのための費用を貯蓄しておくとか、あるいは、長年の生活で蓄積されてきた思い出の品とか生活用品などを整理しておくなどである。精神的準備という意味では、たとえば、要介護以前に介護施設に試しに入ってみるというのもいい。施設ではどういう介護がされるのかを身をもって経験できるし、また複数の施設での経験によって、自分が実際に要介護状態になったときにどの施設に入りたいのかをあらかじめ意思表明しておくこともできるだろう。それは、家族の意向に傾きがちな現在の介護施設の状況を、本来の利用者本位に引き戻すことにもなるし、将来の利用者の立場からの選択によって、施設側の競争力も高まっていくに違いない。

また、家族にとっても介護準備の期間は必要だろう。要介護状態が突然やってきたら介護者は、それこそ精神的にも物理的にもなかなか対応できないが、そのための準備期間を持つことができれば、何かしらの備えや心の準備をするゆとりができるかもしれない。そして何よりも、本人が介護されるということがどういうことなのかあらかじめ知っておくことによって、要介護状態であることを穏やかに受け入れていくための心の準備ができるのではないだろうか。

そして、高齢者やその家族の介護に向けた準備として、民俗学的アプローチによる聞き書きがひとつの役割を果たせるかもしれないとも思っている。というのも、私が老人ホームで介護に関わるなかで、利用者の人生の厚みを想像できるような情報があまりにも少ないことに不満を覚えているからである。

在宅介護にしろ施設介護にしろ、ケアマネジャーにより介護サービスのためのアセスメントが行われるが、そこから現場職員にもたらされる情報のなかで多くを占めるのは家族構成（キーパーソンが誰かということを中心に）、既往歴、現在のＡＤＬに関するものであり、その人となりを知るための生活歴や人生歴などの情報は極端に少ないのが現状である。もちろん施設によって、あるいはケアマネジャーによっては、生活歴に重点を置いている場合もあるが、私の今までの感触ではそれは少数派にすぎない。

利用者の人生の厚みを知ることが、利用者に敬意をもって関わることにつながる、という本書での私の主張からしたら、ケアマネジャーによるアセスメントの在り方自体が変わっていく必要性を訴えるべきところだ。しかし介護準備という文脈においては、むしろ高齢者本人が自分が介護される状態になるのに向けた準備として、自分の歩んできた人生を文章にまとめておくことを勧めたい。自分が要介護状態になったとき、自分とはいかなる人生を歩んできた者なのかを、介護する人たちに知ってもらうための情報をあらかじめ準備しておくのである。

それはいま流行りの自分史でもいい。しかしここでは、我田引水のようで気が引けなくもないが、独りよがりに陥らず、他者が読むに堪えうる表現のレベルを保つという意味でも、民俗学的アプローチによる聞き書きが有効性を持つのではないかと考えている。

聞き書きをしていてよく経験することなのだが、本人はたいしたことがないと思っていたことでも、私たちにとってはとても面白かったり、意味を持っていたりすることは多い。そうした私たちの反応を目の当たりにすることによって、話者本人があらためて自分の人生の価値を再発見していくのである。

自分を振り返ってもそうだが、人生は現在まで絶え間なく続いており、どこに焦点を当ててまとめていくのかを決めるのは、自分だけではなかなか難しい。聞き書きは、聞き手と語り手の対話により進められていくものであり、聞き手に伝えることによって語り手自身に再発見が促される。文章化の過程においても、聞き手は繰り返し語り手に事実関係や表現方法等を確認することで、いわば協働作業によってまとめられていくものである。

そうしてまとめられた人生の記録が、要介護状態になったときに、どのような介護を受けたいのかという本人の意思とともに、介護を担う家族やケアマネジャー、介護職員たちに引き継がれていったらいいのではないか。もちろん、それはそのまま、よりよい介護を受ける保障に直結するわけではないが、それでも、介護の担い手たちが介護者へと関心を深めていく材料になるのは確かだろう。

◆

さて、老人ホームの利用者の語りに寄り添いながら、介護民俗学の可能性を論じてきた本書も、そろそろ幕を閉じたいと思う。

大きな存在をいくつも失い、絶望のなかでさまよい歩いた末にたどり着いた先、それが介護現場だった。介護職員として介護現場で働くことで、自分の学問的な在り方に新しい方向性が見えてきた。しかしそれ以上に、さまざまな人生を歩んできた利用者との関わりによって、何よりも私は、自分に素直に向き合い、生きることに少しは前向きになれるようになった。

それまでは、大学でもムラでも先生と呼ばれ、いつも先生たらんと気負って生きてきたように思う。だから、学生たちの前で自分の気持ちをあからさまにすることはなかったし、目の前で泣いている学生に声はかけられても、抱きしめることができなかった。そんな窮屈な人生を送ってきた。けれど今は、利用者の前で涙を流してしまう私がいる。昨年の冬、関わっていた利用者が立て続けに亡くなって精神的にショックを受けていたとき、追い打ちをかけるようにまた一人利用者が亡くなったと連絡を受けた。ちょうど重度の認知症を患う田村良子さんの排泄介助中だった私は、トイレの中で思わず泣き出してしまったら、良子さんは私の頭へ手を伸ばし、そっと撫でてくれた。利用者の前で泣くことはプロの介護士としては決してすべきことではないかもしれない。けれど、そのときの良子さんの表情は、「いいよ泣きなさい」と言っているように思えて、私はそれに甘えて一分ほどおいおいと泣いたのであった。

そうやって私は、利用者たちに助けられて今を生きている。利用者たちの語ってくれるそれぞれの魅力的な人生に、私は、生きるということの奥深さや不思議さを教えられている。そして、私は、たった四十年しか生きていない自分の未熟さを思い知らされるとともに、これから先、自分がどんな老いを迎えるのかワクワクしたりするのである。だから、私はここが好きなのだ。

本書を閉じるにあたって、何よりもそうして私を育ててくれている利用者たちに感謝したい。また、私のわがままをあたたかく見守ってくれ、応援してくれる職場の上司や同僚たちにも、心から感謝している。

そして、医学書院の白石正明さんには、連載のときから迷惑をかけてばかりいた。何度かの私の「書けない」を、白石さんは、時にあたたかく、時にはっぱをかけながら、根気強く支えてくれた。また、本書をまとめるに際して行った打ち合わせでの白石さんとの対話に、どれだけ多くのヒントと刺激をもらったかわからない。白石さんに深謝するとともに、優れた編集者に巡り合えた運命に感謝したい。

最後に、親不孝ばかりしている四十娘を変わらず愛し、体を張って支えてくれている両親と、私の愚痴をいつも聞いてくれている愛犬マロンに、本書とともに「ありがとう」という言葉を贈りたい。

二〇一二年二月立春

六車　由実

著者紹介

六車由実（むぐるま・ゆみ）
1970年、静岡県生まれ。大阪大学大学院文学研究科修了。博士（文学）。民俗学専攻。東北芸術工科大学東北文化研究センター研究員、同大学芸術学部准教授を務めた後、静岡県東部地区の特別養護老人ホームに介護職員として勤務。2012年10月より、デイサービスすまいるほーむの管理者・生活相談員。社会福祉士。
論文に「「人身御供」と祭」（『日本民俗学』220号、第20回日本民俗学会研究奨励賞受賞）。『神、人を喰う——人身御供の民俗学』（新曜社）で2003年サントリー学芸賞受賞。他に『介護民俗学という希望——「すまいるほーむ」の物語』（新潮文庫）、『それでも私は介護の仕事を続けていく』（角川学芸出版）がある。

シリーズ
ケアをひらく

驚きの介護民俗学

発行――――2012年 3月5日　第1版第1刷 ©
　　　　　　2024年12月1日　第1版第12刷

著者――――六車由実

発行者―――株式会社　医学書院
　　　　　　代表取締役　金原　俊
　　　　　　〒113-8719　東京都文京区本郷1-28-23
　　　　　　電話 03-3817-5600（社内案内）

装幀――――松田行正＋日向麻梨子
撮影――――安部俊太郎
印刷・製本－アイワード

ISBN 978-4-260-01549-3

テキストデータ引換券
驚きの介護民俗学

◎本書のテキストデータを提供します。
視覚障害、読字障害、上肢障害などの理由で本書をお読みになれない方には、
電子データを提供いたします。
・200円切手
・返信用封筒 (住所明記)
・左のテキストデータ引換券 (コピー不可) を同封のうえ、下記までお申し込みください。
［宛先］
〒113-8719 東京都文京区本郷1-28-23
医学書院看護出版部 テキストデータ係

シリーズ　ケアをひらく　❶

第73回
毎日出版文化賞受賞！
［企画部門］

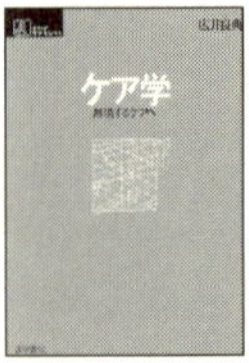

ケア学：越境するケアへ●広井良典●2300円●ケアの多様性を一望する———どの学問分野の窓から見ても、〈ケア〉の姿はいつもそのフレームをはみ出している。医学・看護学・社会福祉学・哲学・宗教学・経済・制度等々のタテワリ性をとことん排して〝越境〟しよう。その跳躍力なしにケアの豊かさはとらえられない。刺激に満ちた論考は、時代を境界線引きからクロスオーバーへと導く。

気持ちのいい看護●宮子あずさ●2100円●患者さんが気持ちいいと、看護師も気持ちいい、か？———「これまであえて避けてきた部分に踏み込んで、看護について言語化したい」という著者の意欲作。〈看護を語る〉ブームへの違和感を語り、看護師はなぜ尊大に見えるのかを考察し、専門性志向の底の浅さに思いをめぐらす。夜勤明けの頭で考えた「アケのケア論」！

感情と看護：人とのかかわりを職業とすることの意味●武井麻子●2400円●看護師はなぜ疲れるのか———「巻き込まれずに共感せよ」「怒ってはいけない！」「うんざりするな!!」。看護はなにより感情労働だ。どう感じるべきかが強制され、やがて自分の気持ちさえ見えなくなってくる。隠され、貶められ、ないものとされてきた〈感情〉をキーワードに、「看護とは何か」を縦横に論じた記念碑的論考。

あなたの知らない「家族」：遺された者の口からこぼれ落ちる13の物語●柳原清子●2000円●それはケアだろうか———幼子を亡くした親、夫を亡くした妻、母親を亡くした少女たちは、佇む看護師の前で、やがて「その人」のことを語りはじめる。ためらいがちな口と、傾けられた耳によって紡ぎだされた物語は、語る人を語り、聴く人を語り、誰も知らない家族を語る。

病んだ家族、散乱した室内：援助者にとっての不全感と困惑について●春日武彦●2200円●善意だけでは通用しない———一筋縄ではいかない家族の前で、われわれ援助者は何を頼りに仕事をすればいいのか。罪悪感や無力感にとらわれないためには、どんな「覚悟とテクニック」が必要なのか。空疎な建前論や偽善めいた原則論の一切を排し、「ああ、そうだったのか」と腑に落ちる発想に満ちた話題の書。

❷　下記価格は本体価格です。

本シリーズでは、「科学性」「専門性」「主体性」といったことばだけでは語りきれない地点から《ケア》の世界を探ります。

べてるの家の「非」援助論：そのままでいいと思えるための25章●浦河べてるの家●2000円●それで順調！———「幻覚＆妄想大会」「偏見・差別歓迎集会」という珍妙なイベント。「諦めが肝心」「安心してサボれる会社づくり」という脱力系キャッチフレーズ群。それでいて年商1億円、年間見学者2000人。医療福祉領域を超えて圧倒的な注目を浴びる〈べてるの家〉の、右肩下がりの援助論！

物語としてのケア：ナラティヴ・アプローチの世界へ●野口裕二●2200円●「ナラティヴ」の時代へ———「語り」「物語」を意味するナラティヴ。人文科学領域で衝撃を与えつづけているこの言葉は、ついに臨床の風景さえ一変させた。「精神論 vs. 技術論」「主観主義 vs. 客観主義」「ケア vs. キュア」という二項対立の呪縛を超えて、臨床の物語論的転回はどこまで行くのか。

見えないものと見えるもの：社交とアシストの障害学●石川准●2000円●だから障害学はおもしろい———自由と配慮がなければ生きられない。社交とアシストがなければつながらない。社会学者にしてプログラマ、全知にして全盲、強気にして気弱、感情的な合理主義者……〝いつも二つある〟著者が冷静と情熱のあいだで書き下ろした、つながるための障害学。

死と身体：コミュニケーションの磁場●内田 樹●2000円●人間は、死んだ者とも語り合うことができる———〈ことば〉の通じない世界にある「死」と「身体」こそが、人をコミュニケーションへと駆り立てる。なんという腑に落ちる逆説！「誰もが感じていて、誰も言わなかったことを、誰にでもわかるように語る」著者の、教科書には絶対に出ていないコミュニケーション論。読んだ後、猫にもあいさつしたくなります。

ALS 不動の身体と息する機械●立岩真也●2800円●それでも生きたほうがよい、となぜ言えるのか———ALS当事者の語りを渉猟し、「生きろと言えない生命倫理」の浅薄さを徹底的に暴き出す。人工呼吸器と人がいれば生きることができると言う本。「質のわるい生」に代わるべきは「質のよい生」であって「美しい死」ではない、という当たり前のことに気づく本。

べてるの家の「当事者研究」●浦河べてるの家●2000円●研究？ ワクワクするなあ———べてるの家で「研究」がはじまった。心の中を見つめたり、反省したり……なんてやつじゃない。どうにもならない自分を、他人事のように考えてみる。仲間と一緒に笑いながら眺めてみる。やればやるほど元気になってくる、不思議な研究。合い言葉は「自分自身で、共に」。そして「無反省でいこう！」

ケアってなんだろう●小澤勲編著●2000円●「技術としてのやさしさ」を探る七人との対話———「ケアの境界」にいる専門家、作家、若手研究者らが、精神科医・小澤勲氏に「ケアってなんだ？」と迫り聴く。「ほんのいっときでも憩える椅子を差し出す」のがケアだと言い切れる人の《強さとやさしさ》はどこから来るのか———。感情労働が知的労働に変換されるスリリングな一瞬！

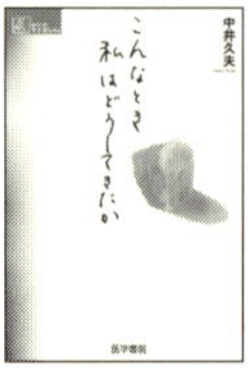

こんなとき私はどうしてきたか●中井久夫●2000円●「希望を失わない」とはどういうことか———はじめて患者さんと出会ったとき、暴力をふるわれそうになったとき、退院が近づいてきたとき、私はどんな言葉をかけ、どう振る舞ってきたか。当代きっての臨床家であり達意の文章家として知られる著者渾身の一冊。ここまで具体的で美しいアドバイスが、かつてあっただろうか。

発達障害当事者研究：ゆっくりていねいにつながりたい●綾屋紗月＋熊谷晋一郎●2000円●あふれる刺激、ほどける私———なぜ空腹がわからないのか、なぜ看板が話しかけてくるのか。外部からは「感覚過敏」「こだわりが強い」としか見えない発達障害の世界を、アスペルガー症候群当事者が、脳性まひの共著者と探る。「過剰」の苦しみは身体に来ることを発見した画期的研究！

ニーズ中心の福祉社会へ：当事者主権の次世代福祉戦略●上野千鶴子＋中西正司編●2200円●社会改革のためのデザイン！ ビジョン!! アクション!!!———「こうあってほしい」という構想力をもったとき、人はニーズを知り、当事者になる。「当事者ニーズ」をキーワードに、研究者とアクティビストたちが「ニーズ中心の福祉社会」への具体的シナリオを提示する。

コーダの世界：手話の文化と声の文化●澁谷智子● 2000円●生まれながらのバイリンガル?———コーダとは聞こえない親をもつ聞こえる子どもたち。「ろう文化」と「聴文化」のハイブリッドである彼らの日常は驚きに満ちている。親が振り向いてから泣く赤ちゃん? じっと見つめすぎて誤解される若い女性? 手話が「言語」であり「文化」であると心から納得できる刮目のコミュニケーション論。

技法以前：べてるの家のつくりかた●向谷地生良● 2000円●私は何をしてこなかったか———「幻覚&妄想大会」をはじめとする掟破りのイベントはどんな思考回路から生まれたのか? べてるの家のような〝場〟をつくるには、専門家はどう振る舞えばよいのか? 「当事者の時代」に専門家にできることを明らかにした、かつてない実践的「非」援助論。べてるの家スタッフ用「虎の巻」、大公開!

逝かない身体：ALS的日常を生きる●川口有美子● 2000円●即物的に、植物的に——言葉と動きを封じられたALS患者の意思は、身体から探るしかない。ロックトイン・シンドロームを経て亡くなった著者の母を支えたのは、「同情より人工呼吸器」「傾聴より身体の微調整」という究極の身体ケアだった。重力に抗して生き続けた母の「植物的な生」を身体ごと肯定した圧倒的記録。

第41回大宅壮一ノンフィクション賞受賞作

リハビリの夜●熊谷晋一郎● 2000円●痛いのは困る——現役の小児科医にして脳性まひ当事者である著者は、《他者》や《モノ》との身体接触をたよりに、「官能的」にみずからの運動をつくりあげてきた。少年期のリハビリキャンプにおける過酷で耽美な体験、初めて電動車いすに乗ったときの時間と空間が立ち上がるめくるめく感覚などを、全身全霊で語り尽くした驚愕の書。

第9回新潮ドキュメント賞受賞作

その後の不自由●上岡陽江+大嶋栄子● 2000円●〝ちょっと寂しい〟がちょうどいい——トラウマティックな事件があった後も、専門家がやって来て去っていった後も、当事者たちの生は続く。しかし彼らはなぜ「日常」そのものにつまずいてしまうのか。なぜ援助者を振り回してしまうのか。そんな「不思議な人たち」の生態を、薬物依存の当事者が身を削って書き記した当事者研究の最前線!

第2回日本医学ジャーナリスト協会賞受賞作

驚きの介護民俗学●六車由実●2000円●語りの森へ——気鋭の民俗学者は、あるとき大学をやめ、老人ホームで働きはじめる。そこで流しのバイオリン弾き、蚕の鑑別嬢、郵便局の電話交換手ら、「忘れられた日本人」たちの語りに身を委ねていると、やがて新しい世界が開けてきた……。「事実を聞く」という行為がなぜ人を力づけるのか。聞き書きの圧倒的な可能性を活写し、高齢者ケアを革新する。

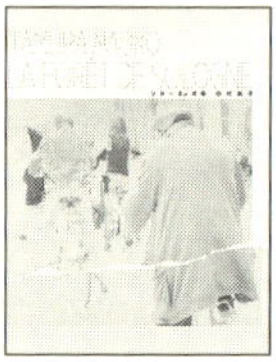

ソローニュの森●田村尚子●2600円●ケアの感触、曖昧な日常——思想家ガタリが終生関わったことで知られるラ・ボルド精神病院。一人の日本人女性の震える眼が掬い取ったのは、「フランスのべてるの家」ともいうべき、患者とスタッフの間を流れる緩やかな時間だった。ルポやドキュメンタリーとは一線を画した、ページをめくるたびに深呼吸ができる写真とエッセイ。B5変型版。

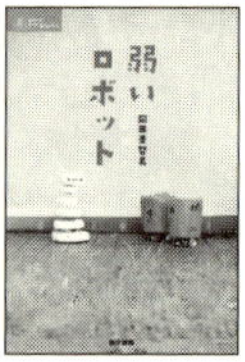

弱いロボット●岡田美智男●2000円●とりあえずの一歩を支えるために——挨拶をしたり、おしゃべりをしたり、散歩をしたり。そんな「なにげない行為」ができるロボットは作れるか？　この難題に著者は、ちょっと無責任で他力本願なロボットを提案する。日常生活動作を規定している「賭けと受け」の関係を明るみに出し、ケアをすることの意味を深いところで肯定してくれる異色作！

当事者研究の研究●石原孝二編●2000円●で、当事者研究って何だ?——専門職・研究者の間でも一般名称として使われるようになってきた当事者研究。それは、客観性を装った「科学研究」とも違うし、切々たる「自分語り」とも違うし、勇ましい「運動」とも違う。本書は哲学や教育学、あるいは科学論と交差させながら、“自分の問題を他人事のように扱う”当事者研究の圧倒的な感染力の秘密を探る。

摘便とお花見：看護の語りの現象学●村上靖彦●2000円●とるにたらない日常を、看護師はなぜ目に焼き付けようとするのか——看護という「人間の可能性の限界」を拡張する営みに吸い寄せられた気鋭の現象学者は、共感あふれるインタビューと冷徹な分析によって、その不思議な時間構造をあぶり出した。巻末には圧倒的なインタビュー論を付す。看護行為の言語化に資する驚愕の一冊。

坂口恭平躁鬱日記●坂口恭平●1800円●僕は治ることを諦めて、「坂口恭平」を操縦することにした。家族とともに。──マスコミを席巻するきらびやかな才能の奔出は、「躁」のなせる業でもある。「鬱」期には強固な自殺願望に苛まれ外出もおぼつかない。この病に悩まされてきた著者は、あるとき「治療から操縦へ」という方針に転換した。その成果やいかに！　涙と笑いと感動の当事者研究。

カウンセラーは何を見ているか●信田さよ子●2000円●傾聴？ ふっ。──「聞く力」はもちろん大切。しかしプロなら、あたかも素人のように好奇心を全開にして、相手を見る。そうでなければ〈強制〉と〈自己選択〉を両立させることはできない。若き日の精神科病院体験を経て、開業カウンセラーの第一人者になった著者が、「見て、聞いて、引き受けて、踏み込む」ノウハウを一挙公開！

クレイジー・イン・ジャパン：べてるの家のエスノグラフィ●中村かれん●2200円●日本の端の、世界の真ん中。──インドネシアで生まれ、オーストラリアで育ち、イェール大学で教える医療人類学者が、べてるの家に辿り着いた。7か月以上にも及ぶ住み込み。10年近くにわたって断続的に行われたフィールドワーク。べてるの「感動」と「変貌」を、かつてない文脈で発見した傑作エスノグラフィ。付録DVD「Bethel」は必見の名作！

漢方水先案内：医学の東へ●津田篤太郎●2000円●漢方ならなんとかなるんじゃないか?── 原因がはっきりせず成果もあがらない「ベタなぎ漂流」に追い込まれたらどうするか。病気に対抗する生体のパターンは決まっているならば、「生体をアシスト」という方法があるじゃないか！　万策尽きた最先端の臨床医がたどり着いたのは、キュアとケアの合流地点だった。それが漢方。

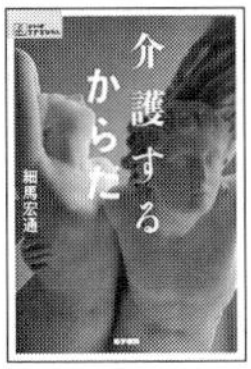

介護するからだ●細馬宏通●2000円●あの人はなぜ「できる」のか?── 目利きで知られる人間行動学者が、ベテランワーカーの神対応をビデオで分析してみると……、そこには言語以前に〝かしこい身体〟があった！　ケアの現場が、ありえないほど複雑な相互作用の場であることが分かる「驚き」と「発見」の書。マニュアルがなぜ現場で役に立たないのか、そしてどうすればうまく行くのかがよーく分かります。

第 16 回小林秀雄賞
受賞作
紀伊國屋じんぶん大賞
2018 受賞作

中動態の世界：意志と責任の考古学●國分功一郎●2000 円●「する」と「される」の外側へ——強制はないが自発的でもなく、自発的ではないが同意している。こうした事態はなぜ言葉にしにくいのか？ なぜそれが「曖昧」にしか感じられないのか？ 語る言葉がないからか？ それ以前に、私たちの思考を条件付けている「文法」の問題なのか？ ケア論にかつてないパースペクティヴを切り開く画期的論考！

どもる体●伊藤亜紗●2000 円●しゃべれるほうが、変。——話そうとすると最初の言葉を繰り返してしまう（＝連発という名のバグ）。それを避けようとすると言葉自体が出なくなる（＝難発という名のフリーズ）。吃音とは、言葉が肉体に拒否されている状態だ。しかし、なぜ歌っているときにはどもらないのか？ 徹底した観察とインタビューで吃音という「謎」に迫った、誰も見たことのない身体論！

異なり記念日●齋藤陽道●2000 円●手と目で「看る」とはどういうことか——「聞こえる家族」に生まれたろう者の僕と、「ろう家族」に生まれたろう者の妻。ふたりの間に、聞こえる子どもがやってきた。身体と文化を異にする 3 人は、言葉の前にまなざしを交わし、慰めの前に手触りを送る。見る、聞く、話す、触れることの〈歓び〉とともに。ケアが発生する現場からの感動的な実況報告。

在宅無限大：訪問看護師がみた生と死●村上靖彦●2000 円●「普通に死ぬ」を再発明する——病院によって大きく変えられた「死」は、いま再びその姿を変えている。先端医療が組み込まれた「家」という未曾有の環境のなかで、訪問看護師たちが地道に「再発明」したものなのだ。著者は並外れた知的肺活量で、訪問看護師の語りを生け捕りにし、看護が本来持っているポテンシャルを言語化する。

第 19 回大佛次郎論壇賞
受賞作
紀伊國屋じんぶん大賞
2020 受賞作

居るのはつらいよ：ケアとセラピーについての覚書●東畑開人●2000 円●「ただ居るだけ」vs.「それでいいのか」——京大出の心理学ハカセは悪戦苦闘の職探しの末、沖縄の精神科デイケア施設に職を得た。しかし勇躍飛び込んだそこは、あらゆる価値が反転する「ふしぎの国」だった。ケアとセラピーの価値について究極まで考え抜かれた、涙あり笑いあり出血（！）ありの大感動スペクタル学術書！

誤作動する脳●樋口直美● 2000円●「時間という一本のロープにたくさんの写真がぶら下がっている。それをたぐり寄せて思い出をつかもうとしても、私にはそのロープがない」——ケアの拠り所となるのは、体験した世界を正確に表現したこうした言葉ではないだろうか。「レビー小体型認知症」と診断された女性が、幻視、幻臭、幻聴など五感の変調を抱えながら達成した圧倒的な当事者研究!

「脳コワさん」支援ガイド●鈴木大介●2000円●脳がコワれたら、「困りごと」はみな同じ。——会話がうまくできない、雑踏が歩けない、突然キレる、すぐに疲れる……。病名や受傷経緯は違っていても結局みんな「脳の情報処理」で苦しんでいる。だから脳を「楽」にすることが日常を取り戻す第一歩だ。疾患を超えた「困りごと」に着目する当事者学が花開く、読んで納得の超実践的ガイド!

第9回日本医学ジャーナリスト協会賞受賞作

食べることと出すこと●頭木弘樹● 2000円●食べて出せればOKだ!(けど、それが難しい……。)——潰瘍性大腸炎という難病に襲われた著者は、食事と排泄という「当たり前」が当たり前でなくなった。IVHでも癒やせない顎や舌の飢餓感とは? 便の海に茫然と立っているときに、看護師から雑巾を手渡されたときの気分は? 切実さの狭間に漂う不思議なユーモアが、何が「ケア」なのかを教えてくれる。

やってくる●郡司ペギオ幸夫● 2000円●「日常」というアメイジング!——私たちの「現実」は、外部からやってくるものによってギリギリ実現されている。だから日々の生活は、何かを為すためのスタート地点ではない。それこそが奇跡的な達成であり、体を張って実現すべきものなんだ! ケアという「小さき行為」の奥底に眠る過激な思想を、素手で取り出してみせる圧倒的な知性。

みんな水の中●横道 誠● 2000円●脳の多様性とはこのことか!——ASD(自閉スペクトラム症)とADHD(注意欠如・多動症)と診断された大学教員は、彼を取り囲む世界の不思議を語りはじめた。何もかもがゆらめき、ぼんやりとしか聞こえない水の中で、〈地獄行きのタイムマシン〉に乗せられる。そんな彼を救ってくれたのは文学と芸術、そして仲間だった。赤裸々、かつちょっと乗り切れないユーモアの日々。

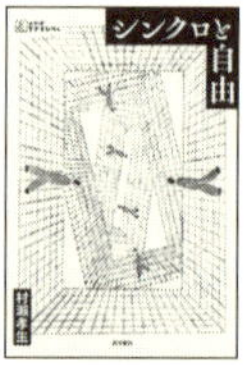

シンクロと自由●村瀬孝生●2000円●介護現場から「自由」を更新する——「こんな老人ホームなら入りたい!」と熱い反響を呼んだNHK番組「よりあいの森 老いに沿う」。その施設長が綴る、自由と不自由の織りなす不思議な物語。しなやかなエピソードに浸っているだけなのに、気づくと温かい涙が流れている。万策尽きて途方に暮れているのに、希望が勝手にやってくる。

わたしが誰かわからない:ヤングケアラーを探す旅●中村佑子●2000円●ケア的主体をめぐる冒険的セルフドキュメント!——ヤングケアラーとは、世界をどのように感受している人なのか。取材はいつの間にか、自らの記憶をたぐり寄せる旅に変わっていた。「あらかじめ固まることを禁じられ、自他の境界を横断してしまう人」として、著者はふたたび祈るように書きはじめた。

超人ナイチンゲール●栗原 康●2000円●誰も知らなかったナイチンゲールに、あなたは出会うだろう——鬼才文人アナキストが、かつてないナイチンゲール伝を語り出した。それは聖女でもなく合理主義者でもなく、「近代的個人」の設定をやすやすと超える人だった。「永遠の今」を生きる人だった。救うものが救われて、救われたものが救っていく。そう、看護は魂にふれる革命なのだ。

あらゆることは今起こる●柴崎友香●2000円●私の体の中には複数の時間が流れている——ADHDと診断された小説家は、薬を飲むと「36年ぶりに目が覚めた」。自分の内側でいったい何が起こっているのか。「ある場所の過去と今。誰かの記憶と経験。出来事をめぐる複数からの視点。それは私の小説そのもの」と語る著者の日常生活やいかに。SFじゃない並行世界報告!

安全に狂う方法●赤坂真理●2000円●「人を殺すか自殺するしかないと思った」——そんな私に、女性セラピストはこう言った。「あなたには、安全に狂う必要が、あります」。そう、自分を殺しそうになってまで救いたい自分がいたのだ! そんな自分をレスキューする方法があったのだ、アディクションという《固着》から抜け出す方法が! 愛と思考とアディクションをめぐる感動の旅路。

異界の歩き方●村澤和多里・村澤真保呂●2000円●行ってきます！ 良い旅を！――精神症状が人をおそうとき、世界は変貌する。異界への旅が始まるのだ。そのとき〈旅立ちを阻止する〉よりも、〈一緒に旅に出る〉ほうがずっと素敵だ。フェリックス・ガタリの哲学と、べてるの家の当事者研究に、中井久夫の生命論を重ね合わせると、新しいケアとエコロジーの地平がひらかれる！

イルカと否定神学●斎藤 環●2000円●言語×時間×身体で「対話」の謎をひらく――対話をめぐる著者の探求は、気づくとデビュー作以来の参照先に立ち返っていた。精神分析のラカンと、学習理論のベイトソンである。そこにバフチン（ポリフォニー論）とレイコフ（認知言語学）が参入し、すべてを包含する導きの糸は中井久夫だ。こうして対話という魔法はゆっくりとその全貌を現しはじめた。

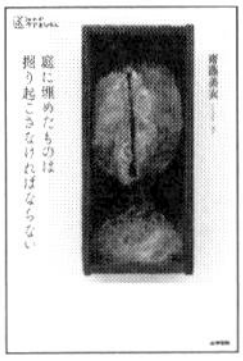

庭に埋めたものは掘り起こさなければならない●齋藤美衣●2000円●自閉スペクトラム症により幼少期から世界に馴染めない感覚をもつ著者。急性骨髄性白血病に罹患するも、病名が告知されなかったことで世界から締め出された感覚に。さらに白血病が寛解し、「生き残って」しまったなかで始まる摂食障害。繰り返し見る庭の夢。壮大な勇気をもって自分の「傷」を見ようとした人の探求の書。

傷の声：絡まった糸をほどこうとした人の物語●齋藤塔子●2000円●複雑性PTSDを生きた女性がその短き人生を綴った自叙伝。ストレートで東大、看護師、優しい人。けれども激しく自分を痛めつける。ほとんどの人が知らない、彼女がそれをする事情。私たちは目撃するだろう。「病者」という像を超えて、「物語をもつ1人の人間」が立ち上がるのを。